Wolfgang Reumuth, Jahrgang 1942, hat Latein, Französisch, Italienisch und Spanisch am Gymnasium unterrichtet. Außerdem war er einige Jahre Lehrbeauftragter für Italienisch an der Universität Heidelberg und Dozent an der Volkshochschule Mannheim. Er ist Autor mehrerer Grammatiken zu verschiedenen romanischen Sprachen, die er in Zusammenarbeit mit Prof. Dr. Otto Winkelmann verfasst hat. Außerdem hat er Übungsbücher zu diesen Grammatiken veröffentlicht. Alle diese Werke sind im gottfried egert verlag, Wilhelmsfeld, erschienen. Im Verlag tredition ist im Dezember 2016 sein Werk *Sammelsurium für Sprachenfreaks* erschienen.

Vorwort

Das vorliegende *Werk Übungen zum italienischen Wortschatz* ist für fortgeschrittene Lernende konzipiert, die ihre lexikalischen Kenntnisse erweitern wollen. Zur Erreichung dieses Ziels wird eine Vielzahl abwechslungsreicher Aufgaben geboten: Gesucht werden z.B. das entsprechende Adjektiv, Substantiv oder Verb, ein passendes Synonym oder das Antonym. In einer Reihe von Übungen sind Begriffe einzusetzen, zu ersetzen sowie zuzuordnen. Zahlreiche Übungen haben Wortfamilien und Wortfelder zum Gegenstand. Außerdem sind in einigen Fällen Wortendungen zu ergänzen und die korrekte Betonung zu kennzeichnen.

Die Lösungen aller Übungen befinden sich im Anhang ab Seite 121.

Für die sorgfältige Durchsicht des Übungsbuchs danke ich Frau Maria Tanduo und Herrn Prof. Dr. Otto Winkelmann.

Mannheim, im August 2017   Wolfgang Reumuth

Wolfgang Reumuth

Übungen

zum

italienischen Wortschatz

© 2017 Wolfgang Reumuth
Umschlag Thomas Reumuth
Lektorat Maria Tanduo und Prof. Dr. Otto Winkelmann

Verlag: tredition GmbH, Hamburg

ISBN   978-3-7439-5261-4 (Paperback)
Printed in Germany

1. Inserire il verbo corrispondente all'aggettivo:

1. Ragazzi, non .... (vicino) troppo all'acqua!

2. È impossibile .... (contento) tutti.

3. La madre .... (lontano; trap. pross.) per un momento.

4. I suoi sogni non si sono .... (reale).

5. Nuotando si .... (robusto) il corpo.

6. La malattia l'ha molto .... (debole).

7. Il sospetto si è .... (forte).

8. Abbiamo intenzione di .... (grande) il nostro negozio.

9. Vorrei .... (magro) di cinque chili.

10. Negli ultimi due anni sono .... (grasso) di dieci chili.

11. Le preoccupazioni l'hanno precocemente .... (vecchio).

12. Questo problema di matematica mi sta facendo .... (pazzo).

13. Hanno cercato di ....lo (timido), ma non ci sono riusciti.

14. A far niente ci si .... (noioso).

15. La salute di nostra figlia non è buona, si .... (malato) frequentemente.

16. Abbiamo .... (basso) il riscaldamento.

17. Mi sono .... (sporco) dappertutto.

18. Prego, si .... (comodo)!

19. «Eccetera» si può .... (breve) in «ecc.».

20. La situazione .... (migliore; pass. pross.).

21. A quelle parole il ragazzo .... (pallido; pass. rem.).

22. La malattia .... (grave; pass. pross.).

23. Devo .... (lungo) la gonna di cinque centimetri.

24. Vorrei .... (fresco) le mie conoscenze linguistiche.

25. Hai .... (caldo) l'acqua per il tè?.

26. Ho .... (corto) i pantaloni di due centimetri.

27. La biancheria si stira meglio se la .... (umido; 2. pers. sing. pres.) un po'.

28. Il vestito .... (stretto) in vita.

29. Questo potrebbe .... (leggero) il nostro lavoro.

30. Devi .... (pieno) questo modulo.

31. Siamo riusciti ad .... (piano) questo conflitto.

2. Trovare il contrario:

1. Vorrei che lei restasse// ....

2. La spiaggia era affollata// ....

3. Hai ragione// ....

4. Abito in un quartiere tranquillo// ....

5. Ho resistito// .... alla tentazione.

6. I primi tentativi erano riusciti// ....

7. È un vulcano attivo// ....

8. È una terra molto fertile// ....

9. Sono espressioni vicine all'// .... uso colloquiale.

10. Erano di malumore// ....

11. Si mise in// .... tasca l'orologio.

12. Hai detto la verità// ....

13. In fondo abbiamo perso// .... noi.

14. Salimmo// .... le scale.

15. Siamo arrivati in ritardo// ....

16. Così migliorarono// .... tutte le attività econo-
    miche.

17. Abito in centro// ....

18. Questo gli aveva riempito il cuore d'amore//
    ....

19. Il ragazzo alzò// .... la testa.

20. Mi sono svegliato// ....

3.   Trovare l'aggettivo:

1. le vacanze .... (estate)

2. una giornata .... (pioggia)

3. le ore .... (notte)

4. passi .... (fretta)

5. un viso .... (sorriso)

6. una persona .... (invidia)

7. la stagione .... (primavera)

8. un'impresa .... (rischio)

9. un problema .... (spina)

10. l'anno .... (scuola)

11. un paesaggio .... (pittura)

12. le scoperte .... (scienza)

13. le acque .... (territorio)

14. una catena .... (monte)

15. una scuola .... (Stato)

16. un oggetto .... (arte)

17. un caldo .... (eccezione)

18. una posizione .... (splendore)

19. un abbonamento .... (anno)

20. uno stato .... (euforia)

21. uno scalatore .... (passione)

22. dolori .... (addome)

23. un caldo .... (afa)

24. disturbi .... (circolazione)

25. uno spettacolo .... (stupore)

4. andare/ venire/ arrivare?

1. Angela, ... in piscina con me?

2. Ieri Silvia e Mario sono .... a trovare i nonni.

3. Posso .... a trovarLa?

4. Dove .... queste sedie?

5. Puoi .... a prendermi?

6. Vi .... a trovare domani.

7. Come si .... al castello?

8. L'autobus è .... in ritardo.

9. Questi vasetti .... nell'immondizia.

10. Quando è .... al potere?

11. Dove metto i piatti? – I piatti .... lì in alto.

12. Come ci si .... ?

13. L'acqua mi .... al ginocchio.

14. Cercherò di .... Le incontro sul prezzo.

15. Cercherò di .... gli incontro sul prezzo.

16. So già dove vuoi ....!

17. Pasqua .... sempre di domenica.

18. Signora, ... avanti!

19. Dove sono .... a finire i miei occhiali?

20. Mi è .... la febbre.

21. Questo è un problema che .... risolto subito.

22. Bada che ti .... uno schiaffo!

23. Chi tardi .... male alloggia.

24. Mi .... da piangere.

25. Non può essere .... lontano.

5. **Sostituire ai puntini la parola che manca:**

1. L'italiano è una lingua moderna; il latino è una lingua
   ....

2. L'arabo è una lingua semitica. Il russo è una lingua
   .... Il tedesco è una lingua ....
   Lo spagnolo è una lingua ....

3. Suo figlio è molto .... per le lingue.

4. Parli francese? - .... abbastanza bene.

5. Mio padre parla .... tre lingue.

6. Ho intenzione di .... a un corso d'inglese.

7. Io .... un corso per ...., mentre
   mio fratello .... un corso superiore.

8. Come si dice «Zungenbrecher» in italiano? - Si dice
....

9. Quel signore parla parecchie lingue. È ....

10. Questa parola viene usata sia in senso proprio che in senso ....

11. Una regione .... è una regione in cui si parlano due lingue.

12. Le parole in cui l'accento è sull'ultima sillaba si chiamano .... Le parole in cui esso è sulla penultima si chiamano .... Le parole che l'hanno sulla terzultima si chiamano ...., e quelle che l'hanno sulla quartultima si chiamano ....

13. Le parole che .... in «-zione» sono ....

14. La «o» in «cosa» si pronuncia ....

15. La «e» in «-mento» si pronuncia ....

16. Bisogna distinguere le vocali lunghe da quelle ....

17. È una parola caduta in ....

18. La parola "moschea" è di .... araba.

19. Questa parola .... dall'arabo.

20. Il contrario di "neologismo" è ....

21. Questa traduzione è un .... duro.

22. Per questa parola non c'è un .... in italiano.

23. "Benché" è una congiunzione ....

24. Mettete il brano seguente al .... indiretto.

25. Che cosa .... questa parola?

26. All'origine delle lingue romanze c'è il latino ....

27. Questo gioco di parole è ....

28. "Albero" è una parola di tre ....

29. In Italia si parlano molti ....

30. Il sardo è la più .... e ....
    delle lingue romanze.

31. "Me" è un pronome personale ....

32. "Pre-" è un ...., "-aio" è un ....

arcaismo, (pro)venire, origine, disuso, breve, chiuso, aperto, uscire, femminile, tronco, piano, sdrucciolo, bisdrucciolo, discorso, antico, slavo, prefisso, romanzo, germanico, portato, cavarsela, dialetto, correntemente, intraducibile, iscriversi, concessivo, frequentare, seguire, scioglilingua, poliglotta, corrispondente, tonico, volgare, figurato, bilingue, arcaico, osso, significare, suffisso, sillaba, conservativo, principianti

6. Trovare il sostantivo (con l'articolo determinativo):

1. tradire   ....

2. garantire   ....

3. rubare   ....

4. vietare   ....

5. licenziare   ....

6. migliorare   ....

7. rimproverare   ....

8. orientarsi   ....

9. protestare   ....

10. scomparire   ....

11. svenire ....

12. tossire ....

13. abbondare ....

14. stupirsi ....

15. obbligare ....

16. fischiare ....

17. pronunciare ....

18. custodire ....

19. abituarsi ....

20. leggere ....

21. esigere ....

22. ordinare ....

23. rientrare ....

24. sospirare ....

25. scommettere ....

26. iniziare ....

27. sparare ....

28. ingannare ....

29. collegare ....

30. emarginare ....

31. iniettare ....

7. Trovare l'aggettivo corrispondente:

1. La donna è presente ormai in tutti i campi ....
   (lavorare).

2. Ho frequentato un corso .... (preparare).

3. Ti consiglio di leggere il capitolo .... (introdur-re).

4. La potenza .... (distruggere) di questa bomba è enorme.

5. Ormai abbiamo superato le difficoltà .... (iniziare).

6. Soffro di disturbi .... (digerire).

7. Oggi è stata una giornata .... (piovere).

8. La parola tedesca «gemütlich» è difficilmente .... (tradurre).

9. Il tuo è un ragionamento .... (ridere).

10. È una politica .... (progredire).

11. La ragazza gli lanciò uno sguardo .... (sedur-re).

12. Quel film è veramente .... (annoiare).

13. La madre se ne stava .... (pensare) in un angolo.

14. È un personaggio .... (influire) nel mondo della moda.

15. La ragazza lo guardò con aria .... (interro-gare).

16. Secondo me, si tratta di una crisi .... (supe-rare).

17. Questo fungo è .... (avvelenare).

18. Questo vulcano non è più attivo, è .... (estin-guere)

19. Il giardino dei nostri vicini è molto .... (curare).

20. Il suo passaporto non era più .... (valere).

21. È una famiglia molto .... (unire).

22. Angela è una bambina .... (ubbidire).

23. Fuori stagione, le fragole sono molto ....
(costare).

24. "Non m'interessa", rispose con voce a stento
.... (udire).

25. La nonna era in preda ad una .... (vedere)
angoscia.

26. L'ho visto la settimana .... (scorrere).

27. L'uomo corse nella direzione .... (opporre).

28. Attento, la minestra è .... (bollire)!

29. C'è ancora una camera .... (disporre).

8. Trovare il verbo:

1. aggressione ....

2. noia ....

3. ginocchio ....

4. debolezza ....

5. curiosità ....

6. diffusione ....

7. riduzione ....

8. delusione ....

9. protezione ....

10. rivalità ....

11. iscrizione ....

12. promozione ....

13. spinta ....

14. fascino ....

15. sconfitta ....
16. interruzione ....
17. malattia ....
18. danno ....
19. simbolo ....
20. scelta ....
21. sostegno ....
22. immersione ....
23. indagine ....
24. stretta ....

9. Trovare un sinonimo:

1. Si tratta di facilitare/ .... gli scambi commerciali.

2. Fingevano/ .... di non guardarmi.

3. Arrivammo/ .... in breve al palazzo.

4. Vorrei che tu restassi/ .... da noi.

5. Nessuno se n'era accorto/ .... fuorché/ .... Mario stesso.

6. Quella sera sua moglie portava/ .... un vestito blu.

7. Ora si corica/ ....

8. Era matto/ .... dalla gioia.

9. Posso domandare qualunque/ .... cosa?

10. La Mafia è un'associazione criminale/ ....

11. La 'ndrangheta si differenzia/ .... molto dalle altre organizzazioni.

12. Ci vogliono/ .... tempo e pazienza.

13. È carne suina/ ....

14. Tutte e due/ .... non sono sposate.

15. La medicina si avvale/ .... sempre più di altre scienze.

16. Molti immigrati sono irregolari/ ....

17. Si mettono in rilievo/ .... anche le culture popolari.

18. Spesso/ .... i terremoti colpiscono aree molto estese.

19. Bisogna/ .... fermare questa corsa agli armamenti.

10. Trovare l'aggettivo:

1. prezzi .... (competizione)

2. lo stress .... (danno)

3. una guerra .... (difesa)

4. una consuetudine .... (secolo)

5. i provvedimenti .... (governo)

6. l'impulso .... (distruzione)

7. la posizione .... (isola)

8. un'alluvione .... (catastrofe)

9. un albergo .... (costa)

10. un incidente .... (disastro)

11. la tutela .... (ambiente)

12. gli sport .... (inverno)

13. una regione .... (collina)

14. una zona .... (montagna)

15. campagne .... (pianura)

16. una pianura .... (palude)

17. un clima .... (favore)

18. un quartiere .... (periferia)

19. il capitolo .... (inizio)

20. lo stipendio .... (mese)

21. un film .... (polizia)

22. problemi .... (organizzazione)

23. una bevanda .... (eccitazione)

24. uno studente .... (liceo)

25. una pietra .... (prezzo)

11. Trovare un sinonimo:

1. L'Euratom ha il compito/ .... di promuovere ricerche in campo nucleare.

2. Entrambi/ .... i terremoti provocarono/ .... danni e vittime umane.

3. Gli sembrava/ .... di aver realizzato un ottimo affare.

4. Lo persuasero/ .... a vendere la bestia.

5. Il sistema linguistico deve adattarsi/ .... ai bisogni comunicativi.

6. Stentavo/ .... a lavorare.

7. Abbiamo dovuto lasciare/ .... il paese.

8. Mi sento in prigione/ ....

9. Il nome di Sicilia viene/ .... dal popolo dei siculi.

10. Aumenta/ .... la popolazione.

11. A determinare il rincaro concorrono/ ....
anche le frequenti carestie.

12. Voglio diventare/ .... meccanico.

13. Il maestro prese/ .... per una spalla Gigino.

14. Non intrometterti/ .... nelle mie cose!

15. I ladri la sanno lunga sul modo di farla al/ ....
prossimo.

16. Sei riuscito/ .... ad aprire la finestra?

17. Occorre/ .... molta pazienza.

18. Ho bisogno di/ .... un dizionario latino-italiano.

19. L'uomo scomparve/ .... come inghiottito dal
nulla.

12. Trovare il sostantivo (con l'articolo determinativo):

1. geloso   ....

2. costretto   ....

3. chiaro   ....

4. supplicare   ....

5. goffo   ....

6. ingenuo   ....

7. distratto   ....

8. nudo   ....

9. percuotere   ....

10. mentire   ....

11. spavaldo   ....

12. vendere   ....

13.	guardare	....
14.	volere	....
15.	nascere	....
16.	nascondere	....
17.	comprare	....
18.	promettere	....
19.	rapire	....
20.	fuggire	....
21.	breve	....
22.	elencare	....
23.	lontano	....
24.	ascoltare	....
25.	scolpire	....

13. Trovare il contrario:

1.   Comincia ad apparecchiare// .... la tavola!

2.   Sono dimagrito// .... di cinque chili.

3.   Abbiamo accettato// .... l'offerta.

4.   Devo prendere due pastiglie dopo i// .... pasti.

5.   Alla vista di quell'uomo impallidì// ....

6.   Ci vado spesso// ....

7.   Mi sono fatto male al labbro superiore// ....

8.   Accesi// .... entrambe le candele.

9.   È un pasto pesante// ....

10. A che cosa è dovuto questo incremento// .... demografico?

11. La popolazione è in continuo aumento// ....

12. Qual è il contrario di egoismo// ....?

13. Ho fatto un ottimo// .... affare.

14. Si sono allontanati dalla// .... spiaggia.

15. Sono stati licenziati // .... trenta operai.

16. Angelo è bravo// .... a scuola.

17. Suo fratello è molto pigro// ....

18. A che ora è andato a// .... scuola?

19. Il nostro professore di matematica è molto severo//
....

20. Ti vedo molto concentrato// ....

21. Qual è la lingua di partenza// ....?

22. Siamo in minoranza// ....

23. Dov'è l'entrata// .... ?

24. Come si chiama il destinatario// ....
della lettera?

25. La natalità è aumentata // ....

26. Non avevo paura// .... di dirglielo.

27. È una tragedia// ....

28. È un viaggio di piacere// ....

29. Pago sempre in contanti// ....

30. È stata una vittoria politica// ....

31. Questi funghi sono commestibili// ....

32. Questa acqua è potabile// ....

33. È un comportamento tipico// ....

34. Il mio orologio va avanti// ....

14. **Trovare il verbo:**

1. progresso ....
2. veleno ....
3. esercizio ....
4. illusione ....
5. evasione ....
6. possesso ....
7. timidezza ....
8. schiaffo ....
9. sangue ....
10. persecuzione ....
11. fretta ....
12. adesione ....
13. cottura ....
14. commozione ....
15. disposizione ....
16. dubbio ....
17. pazienza ....

15. **Trovare l'aggettivo:**

1. il lavoro .... (mano)
2. lo spirito .... (impresa)
3. il flusso .... (migrazione)
4. la costa .... (Romagna)
5. l'Italia .... (penisola)
6. una famiglia .... (bisogno)

7. le cure .... (ospedale)

8. un applauso .... (fragore)

9. un gesto................... (affetto)

10. uno spot .... (pubblicità)

11. una lettera .... (minaccia)

12. i programmi .... (televisione)

13. un atteggiamento .... (fiducia)

14. un'azione .... (colpa)

15. una cerimonia .... (spettacolo)

16. il conflitto .... (generazione)

17. una lettura .... (piacere)

18. una persona .... (comunicazione)

19. un comportamento ....(ipocrisia)

20. un'associazione .... (delinquenza)

21. una situazione .... (allarme)

22. un mal di testa .... (momento)

23. una bambina .... (paura)

24. un viaggio .... (avventura)

25. uno sciopero .... (sindacato)

26. una giornata .... (fatica)

27. un formaggio .... (puzzo)

28. il mercato .... (azione)

16. **Trovare il sostantivo:**

1. Cavour dimostrò che il Risorgimento era non solo una rivolta contro l' .... (opprimere) straniera, ma anche una rivoluzione interna, mirante ad introdurre la .... (libero) economica, civile e politica.

2. Secondo il Mazzini si dovevano organizzare .... (insorgere) continue, in modo che il popolo diventasse con sapevole della propria forza ed imparasse ad usarla per attuare la .... (volere) di Dio.

3. I nostri vicini sono da giorni oggetto di .... (intimidire) telefoniche.

4. La mafia costituisce un grosso problema di difficile .... (risolvere).

5. Per molti giovani disadattati, emarginati, posti sotto ....(premere) da una società indifferente od ostile, l'.................. (incontrare) con la droga ha il valore di un momento di .... (sollevare) dalle proprie .... (soffrire), pagato però a caro prezzo.

6. È evidente e documentabile un .... (calare) quantitativo di pratica religiosa per quanto riguarda la Chiesa cattolica in Italia.

7. Mi sono dovuto sottoporre a un difficile .... (intervenire) chirurgico.

8. Come si può evitare l'.................. (isolare) degli anziani?

9. A mio avviso, questi .... (investire) non saranno sufficienti.

10. È un progresso che porta alla .... (distruggere) dell'ambiente.

11. Queste organizzazioni hanno come scopo la .... (proteggere) e la .... (difendere) del territorio.

12. A quale .... (concludere) siete giunti?

13. Il .... (costare) della vita è molto alto.

14. Spero di poter realizzare questo .... (desiderare).

15. Facciamo un ultimo .... (tentare).

16. A Roma ho fatto la .... (conoscere) di un ragazzo molto simpatico.

17. Questo atteggiamento di passiva .... (sottomettersi) e .... (rifiutare) a collaborare con le forze dell'ordine e della giustizia si chiama *omertà*.

18. Non vi è una sostanziale differenza fra chi minaccia ed estorce, e chi, seduto dietro una scrivania offre «................... (proteggere)» a .... (pagare).

19. La .... (provenire) delle popolazioni che si stabilirono in Friuli nell'età del bronzo è incerta.

20. Il .... (calare) delle .... (nascere) e l'................... (allungare) della vita stanno determinando un preoccupante .... (invecchiare) della popolazione.

21. La .... (violare) dei diritti umani in molti paesi del mondo è una tragica realtà quotidiana.

17. Trovare l'aggettivo:

1. le malattie .... (cuore)

2. morire di cirrosi .... (fegato)

3. un torneo .... (cavallo)

4. una commozione .... (cervello)

5. i preparativi .... (guerra)

6. un motivo .... (fiore)

7. le impronte .... (dito)

8. i beni .... (chiesa)

9. la grazia .... (cielo)

10. una somma .... (riso)

11. l'insegnamento .... (vangelo)

12. i vasi .... (capello)

13. le attività .... (gioco)

14. i bisogni .... (corpo)

15. le faccende .... (casa)

16. una corsa .... (campo)

17. l'industria .... (acciaio)

18. le clausole .... (contratto)

19. porto .... (fiume)

20. Testa .... (uomo) in bronzo

21. Statua .... (donna) acefala

22. un mosaico .... (pavimento)

23. le più belle stazioni .... (bagno) dell'Adriatico

24. la stagione .... (caccia)

25. malattia .... (cute)

26. carne .... (cavallo)

27. la fede .... (nozze)

28. una regione .... (ghiaccio)

29. il sonnellino .... (pomeriggio)

30. il fabbisogno .... (acqua)

31. un prodotto .... (formaggio)

32. il mercato .... (pesce)

18.   Trovare il contrario:

1.   la ruota anteriore// ....

2.   il corso inferiore// ....

3.   la parte interna// ....

4.   un ragazzo introverso// ....

5.   le Arti maggiori// ....

6.   nei primi// .... decenni del secolo

7.   la migliore// .... risoluzione

8.   la parte occidentale// ....

9.   un gruppo omogeneo// ....

10.   l'Italia meridionale// ....

11.   un comportamento leale// ....

12.   una persona onesta// ....

13.   un insegnante intransigente// ....

14.   un parente lontano// ....

15.   un uomo alto// ....

16.   un film interessante// ....

17.   un allievo diligente// ....

18.   una serata gradevole// ....

19.   un piatto pulito// ....

20.   un materasso duro// ....

21.   numeri pari// ....

22.   la pelle liscia// ....

23.   una linea curva// ....

24.   fibre naturali// ....

19. Trovare un sinonimo:

1. Quando avvenne la caduta/ .... dell'impero romano?

2. Tutto questo va a svantaggio/ .... della nostra ditta.

3. Tutti questi problemi sono causati da uno sviluppo industriale in continua ascesa/ ....

4. Non si tratta di disastri/ .... naturali imprevedibili, ma di tragedie causate dall'uomo.

5. Bisogna riuscire a conciliare la crescita economica con la difesa/ .... dell'ambiente stesso.

6. Non conosco la ragione/ .... per cui Mario si è separato da sua moglie.

7. Sono in aumento i reati/ .... politici.

8. Nel Mezzogiorno/ .... il clima è tipicamente mediterraneo.

9. Il traffico di droga/ .... è in continuo aumento.

10. C'è stato un grande sisma/ ....

11. Le entrate/ .... dello Stato sono diminuite.

12. Nei paesi industrializzati del Nord, la denatalità/ .... costituisce un grosso problema.

13. La portinaia si è affrettata a chiamare i pompieri/ ....

14. Non voglio entrare nei dettagli/ ....

20. Sostituire ai puntini la parola che manca:

1. Mio cognato si trova in cattive ....

2. Tutto fila liscio come l'...................

3. Tutto fa ....

4. Il .... fa buon ....

5. .... passata non macina più.

6. L'hanno ucciso a .... freddo.

7. Andare a tutta .... significa: andare con la massima velocità.

8. Questa prugna è dolce come ....

9. Suo figlio non sta mai fermo; ha l'..................... addosso.

10. Lo lascio cuocere nel suo ....

11. Gli usciva il .... dal naso.

12. A vedere tutti quei dolci, mi viene l'................... in bocca.

13. Io prendo un .... di pompelmo, e tu, cosa prendi?

14. È inutile piangere sul .... versato.

15. Condire l'insalata con .... e ....

16. La .... è un'acquavite ottenuta dalla distillazione delle vinacce e contenente il 45-50% di alcol.

17. Prendo un .... macchiato.

18. Ognuno tira l'.................... al proprio mulino.

19. Se non è .... è pan bagnato.

20. Il bambino è caduto in una ....

21. Ho già preparato la .... per il lesso.

22. Vorrei del .... abbondante sugli spaghetti.

23. L'acqua è un .... incolore.

acqua (2), olio (2), brodo (2), vino, sangue (3), birra, miele, argento vivo, brodo, pozzanghera, sangue, sugo, acquolina, succo, latte (2), salsa, liquido, zuppa, aceto, grappa

21. Completare con un numero:

1. Chi fa da sé fa per ....

2. Mi potresti fare .... spaghetti?

3. Mio figlio si è fatto un .... nei pantaloni.

4. L'hanno licenziato su .... piedi.

5. Mi sono comprato una valigetta .... ore.

6. Ho sudato .... camicie.

7. È successo un ....

8. Servizio .... ore su ....

9. Mio marito sta facendo .... chiacchiere con un suo collega.

10. Gli ho scritto .... righe.

11. Oggi ho il morale a ....

22. Trovare l'aggettivo:

1. un corso ....: un corso che non è obbligatorio

2. una commissione ....: una commissione che ha il compito di esaminare

3. un marito ....: un marito che tradisce la moglie

4. un terreno ....: un terreno molto produttivo

5. un conflitto ....: un conflitto che contrappone i figli ai padri

6. un giorno ....: un giorno non festivo

7. i popoli ....: i popoli che si trovano in stato di guerra

8. un bambino .... non ubbidisce ai genitori.

23. **Completare col verbo *volgere* e i suoi corradicali:**

1. .... al plurale le seguenti frasi.

2. Ogni bambino ha bisogno di una persona a cui ....

3. La notizia della sua morte .... (pass. rem.) tutti.

4. I due alpinisti sono stati .... da una valanga.

5. La barca .... (pass. pross.) a causa delle onde.

6. Mi potresti .... le banane in un giornale?

7. Molti politici sono .... in questo scandalo.

8. La .... dei detenuti è stata soffocata nel sangue.

9. La civiltà .... (pass. pross.) nel corso dei secoli.

10. La .... francese scoppiò nel 1789.

11. La scuola deve adeguarsi a una società in continua ....

12. È un processo .... molto lento.

13. Lo sciopero .... (pass. pross.) senza incidenti.

14. La perifrasi verbale «stare» più gerundio indica un'azione nel suo ....

15. La scoperta della penicillina rappresentò una .... nella storia della medicina.

16. Tira giù gli ...., per favore.

17. Volevano .... anche me nei loro affari.

18. Il tempo .... al bello.

19. È vietato .... a sinistra.

svolgimento, evolutivo, evoluzione, rivoluzione, evolversi, rivolta, coinvolto, avvolgere, sconvolgere, travolgere, volgere (2), avvolgibile, svoltare, rivolgersi, coinvolgere, svolta, capovolgersi, svolgersi

24. L'alcol

1. L'.................... femminile è in spaventoso aumento.

2. A suo padre piace alzare il ....

3. Erano tutti .... fradici.

4. Suo zio è morto di .... epatica.

5. Da sei mesi non .... (3. pers. sing., pres.)più una .... di vino.

6. Suo marito ha deciso di fare una cura ....

7. L'hanno fatto ....

8. Per dieci anni è stata un'....................

9. Non si può volere la botte piena e la moglie ....

10. La grappa è una bevanda molto ....

11. Dopo la morte di sua moglie ha cominciato a ....

12. Suo fratello è ancora a letto a smaltire la ....

13. Ieri sera mia sorella è tornata a casa un po' ....

14. È stato condannato per guida in stato di ....

disintossicante, alcolico, ubriaco (2), cirrosi, alcolismo, ubriacare, bere (2), sbornia, alcolista, alticcio, goccia, gomito, ebbrezza

25. Sostituire le preposizioni con un sinonimo:

1. È aumentata la sfiducia nello/ .... Stato.

2. Nessuno se n'era accorto, fuorché/ .... Angelo.

3. La diffusione dell'italiano tra la popolazione fu assai lenta, malgrado/ .... l'imporsi dell'amministrazione unitaria.

4. Invece di/ .... studiare è andato al cinema.

5. Rispetto a/ .... mio cugino, sono un nano.

6. Mazzini fondò numerose associazioni e giornali per/ .... convincere il popolo che l'Italia poteva e doveva essere unificata grazie agli sforzi della gente comune.

7. Sua sorella è del tutto senza/ .... fascino.

8. Furono eliminati tutti i Partiti tranne/ .... quello fascista.

9. Ho speso intorno ai/ .... cinquecento euro.

10. Le condizioni di lavoro in Italia sono migliorate rispetto al passato, attraverso/ .... le conquiste sindacali.

26. Completare col verbo *mettere* e i suoi corradicali:

1. Dopo cinque chilometri il fiume .... nel lago.

2. Ho deciso di .... di fumare.

3. (Io) ci .... (pass. pross.) un'ora e mezza a fare i compiti.

4. Il ministro non è disposto a ....

5. Non voglio .... nei tuoi affari.

6. L'indirizzo era sbagliato; perciò la lettera è stata rispedita al ....

7. I .... servono per lanciare nello spazio capsule e sonde.

8. Ogni .... è debito.

9. La scuola non deve limitarsi alla .... del sapere.

10. Si tratta di una malattia che può essere .... all'uomo.

11. Una delle risorse economiche principali di San Marino è l'.................... di francobolli che garantisce notevoli entrate.

12. Un investimento sbagliato .... la stabilità dell'azienda.

13. Prima di .... la sentenza, il giudice volle riascoltare un teste.

14. Sono .... agli esami orali i candidati che abbiano superato le prove scritte.

15. Vorrei fare una ....

16. Devo portare la macchina in ....

17. Fidandomi di lui, ho .... un grande errore.

18. Mi ha servito una .... molto gentile e paziente.

19. La partita di basket è stata .... in TV.

20. (Io) .... qualsiasi cosa che ce la farà.

21. Ogni domenica andiamo a ....

22. Chi ha vinto la ....?

23. Quando è stato .... dall'ospedale?

24. Il malato .... (pass. pross.) in poco tempo.

25. Prima di entrare in argomento, voglio .... qualche considerazione.

26. Nostro figlio ci ha .... di essere più studioso.

27. È vero che il tuo collega ha .... di avere sbagliato.

scommettere, premessa, immettersi, smettere, mettere, dimettersi, intromettersi, mittente, missile, promessa, trasmissione, messa, trasmettere (2), premettere, emissione, compromettere, emettere, scommessa, promettere, ammettere (2), rimessa, commettere, commessa, dimettere

27. Trovare un sinonimo:

1. Faccio fatica/ .... a pronunciare questa parola.

2. Il crollo definitivo dell'impero romano avvenne/ .... quando ondate di nuovi popoli provenienti da più parti si stanziarono/ .... nella penisola italiana e nelle isole circostanti.

3. La mafia ha adattato/ .... la sua attività ai mutamenti economico-sociali della società.

4. Ho impiegato/ .... due ore per fare i compiti.

5. Il latino, presente dapprima in una zona circoscritta del Lazio, si estese/ .... poi enormemente nel mondo antico in seguito alle conquiste dei Romani.

6. La situazione è cambiata in meglio/ ....

7. Ci vuole/ .... molta pazienza.

8. Potete usare/ .... il dizionario.

9. Il progresso industriale determina/ .... vantaggi e problemi al tempo stesso.

10. Nel 568 d.C. un popolo di origine germanica, i Longobardi, condotto/ .... dal re Alboino, penetrò in Friuli per giungere poi sino alla pianura padana.

11. Chi ha commesso/ .... questo delitto?

12. Quest'anno abbiamo passato/ .... le vacanze in Sicilia.

13. Pensava di farla finita con la vita/ ....

14. Il castrato va/ .... mangiato caldo.

15. Bisogna continuare a lottare contro/ .... la criminalità.

16. Il fiorentino era facilmente comprensibile a chiunque sapeva/ .... il latino.

17. Il bambino venne rapito/ .... e ucciso/
....

18. Cercò di/ .... baciarmi.

19. Pensavano/ .... di tornare in patria.

20. Posso domandare/ .... qualunque cosa?

21. Erano gravi problemi che dovevano/ .... risolvere.

22. Questo metodo ha consentito/ .... di ridurre
drasticamente i casi di rigetto.

28. Trovare il contrario:

1. Siamo arrivati in anticipo// ....

2. Abito nel centro// .... di Milano.

3. Il fiume è in piena// ....

4. Stavano seduti al sole// ....

5. Il vagone ristorante è in testa// .... al treno.

6. Questa frase la trovate alla fine// .... del capitolo.

7. L'hanno mandata qui per errore// ....

8. Qui mi trovo a mio agio// ....

9. C'è un albergo in cima al// ....
monte.

10. Domenica la Juve gioca in casa// ....

11. Soffro di diarrea// ....

12. È stato un matrimonio d'amore// ....

13. L'ho aiutato di malavoglia// ....

14. Lo dici sul serio// ....?

29. Trovare l'aggettivo adatto:

1. Un problema che non si può risolvere è un problema
....

2. Un progetto che non può essere realizzato è un progetto
....

3. Un obiettivo che non si può raggiungere è un obiettivo
....

4. Un fenomeno che non si può spiegare è un fenomeno
....

5. Una stella che non si può vedere è una stella
....

6. Una squadra che non può essere vinta è una squadra
....

7. Una firma che non si può leggere è una firma
....

8. Un errore che non può essere perdonato è un errore
....

9. Un funzionario che non può essere rimosso dal suo posto è un funzionario ....

10. Difficoltà che non possono essere superate sono difficoltà ....

11. Una malattia che non si può guarire è una malattia
....

12. Un comportamento che non si riesce a comprendere è un comportamento ....

13. Una parola che non si può tradurre è una parola
....

14. Desideri che non si possono appagare sono desideri
....

30. Trasformare le frasi secondo il modello seguente:

Questo è un problema difficile da risolvere. → Questo è un problema di difficile soluzione.

1. Questo è un articolo difficile da leggere/ ....

2. Questi prodotti sono difficili da smerciare/ ....

3. Questo è un testo facile da capire/ ....

4. È un lavoro facile da eseguirsi/ ....

31. Completare col verbo *porre* e i suoi corradicali:

1. Mio fratello riesce sempre a .... la sua volontà.

2. I.V.A. è l'acronimo di .... sul valore aggiunto.

3. Sua sorella ha un forte carattere e riesce sempre a ....

4. Nel 476 Romolo Augustolo fu .... da Odoacre.

5. Mozart ha .... le sue prime opere già in giovanissima età.

6. Dopo essere stato mostrato al pubblico, il prezioso manoscritto venne .... in cassaforte.

7. Metti l'aspirapolvere nel ....!

8. Le sue idee .... (pres.) alle mie.

9. L'uomo .... e Dio ....

10. Accetto volentieri la tua ....

11. Secondo me, l'ha fatto di ....

12. Nella vitrina sono stati .... novi capi di abbigliamento.

13. C'è ancora una camera ....

14. L'eccessiva .... ai raggi solari è dannosa.

15. Mi sono dovuto .... a un intervento chirurgico.

16. Gli abbiamo messo a .... la nostra casa.

17. Sono .... ad aiutarti.

18. Erano presenti tutti gli .... del governo.

19. Vi ringrazio per la vostra ....

20. Ho provato a .... i frammenti del vaso.

21. I nemici .... (pass. rem.) un'accanita resistenza.

22. C'è stato un forte scontro fra il governo e l'..................... sul problema dell'immigrazione clandestina.

23. I miei genitori .... (pass. pross.) a lungo al nostro matrimonio.

24. Il liceo si trova dalla parte ....

25. In questo caso si .... l'aggettivo al nome.

26. "A, da, per, contra" sono ....

27. *Siccome* introduce una .... causale.

28. La villa si trova in una splendida .... sopra il lago.

29. Come si dice "imposant" in italiano? - ....

30. Chi guadagna di più paga maggiori ....

31. Purtroppo siamo costretti a .... il viaggio.

32. Dove posso .... questi pacchi?

33. Il preside continua a .... ostacoli alle nostre iniziative.

34. C'è un .... per questa bottiglia?

35. Il testimone ha fatto la sua ....

36. Lo zucchero .... in fondo alla tazza.

37. Ogni anno .... gli stessi interrogativi sullo sfascio ambientale.

38. A queste critiche vanno .... alcune semplici osservazioni.

39. (Io) .... che tu la pensi diversamente.

40. C'è .... per tutti.

41. L'albergo si trova in una .... centrale.

42. I bambini .... sempre tante domande.

43. Giuseppe Verdi è sicuramente il .... italiano più popolare.

44. Le bottiglie vanno gettate nell'.................... contenitore.

45. Il .... d'allarme scattò appena il cancello fu toccato.

imporre, imposta, imporsi, deporre, comporre, riporre, ripostiglio, contrapporre, proporre, disporre, proposta, proposito, esporre, disponibile, esposizione, riproporsi, sottoporre, disposizione, disposto, esponente, disponibilità, ricomporre, opporre (2), opposizione, opporsi, opposto, preporre, preposizione, posizione, proposizione, imponente, posporre, imposta, frapporre, contrapporre, depositare, posizione, porre, compositore, supporre, deposito, posto, deposizione, dispositivo, apposito, depositarsi

32. Completare con il nome di un metallo:

1. Sei veramente in una botte di ....

2. In questa situazione devi andare con i piedi di ....

3. Non lo farei per tutto l'.................... del mondo.

4. Mio padre ha una memoria di ....

5. È una faccia di ....

6. Abbiamo comprato un cancello in .... battuto.

7. Devi imparare a non prendere tutto per ....
colato.

8. Mio figlio non sta mai fermo; ha veramente l'...................
vivo addosso.

9. Il bronzo è una lega di .... e stagno.

10. L'................... è un metallo molto leggero, di colore
bianco argenteo.

11. Questo piatto è di ....

alluminio, peltro, argento, bronzo, ferro (3), oro (2), piombo, rame

33. Trasformare secondo il modello seguente:

il treno che arriva → il treno in arrivo

1. una strada che scende/ sale/...................../ ....

2. un mondo che si trasforma rapidamente/...................

3. una società che si evolve continuamente/...................

4. animali che si estinguono/...................

5. una popolazione mondiale che aumenta continuamente/
....

34. La pioggia

1. Oggi è stata una giornata ....

2. .... significa: piovere leggermente.

3. Non .... per tre settimane.

4. Piove a ....

5. I boschi vengono danneggiati dalle .... acide.

6. Raccogliamo l'acqua .... per bagnare l'orto.

7. Bisogna proteggere le foreste ....

8. Se esci prendi l'..................... Sta . ...

9. Sono arrivato a casa .... come un pulcino.

10. Finalmente ha .... di piovere!

11. Ho messo un piede in una .... e mi sono sporcato i pantaloni.

12. Mentre facevamo una passeggiata, siamo stati sorpresi da un violento ....

13. Dopo la .... viene il bel tempo.

14. Quando ha smesso di piovere, nel cielo è comparso un bellissimo ....

15. Cielo a pecorelle, ... a catinelle.

16. Versare la farina lasciandola cadere a ....

17. La .... è una pioggia uniforme e sottile.

18. .... come Dio la manda.

19. Mi piace camminare .... la pioggia.

bagnato, acquazzone/ nubifragio, piovoso, dirotto, ombrello, pioggia (4), pozzanghera, piovano, piovere (2), arcobaleno, venire giù, sotto, pluviale, piovigginare, pioggerella

35. Completare col sostantivo *fede* e i suoi corradicali:

1. Il sindaco ha .... la supervisione del progetto a una persona veramente competente.

2.   Mario è sempre stato ………………… a sua moglie.

3.   Mia sorella mi ha ………………… un segreto.

4.   Non dubito della sua ………………..

5.   La ………………… in Dio mi ha aiutato a superare un brutto periodo.

6.   Voglio farti una …………………..

7.   La mia collega mi ha fatto leggere una lettera ………………

8.   La ………………… nuziale si porta all'anulare della mano sinistra.

9.   Io non ………………….. di quel tipo.

10. Non ho ………………… nelle sue promesse.

11. Angelo è una persona veramente …………………...

12. Se fossi al suo posto non sarei così ………………….

13. Il padre di Flavio è una persona che ………………… di tutto e di tutti.

14. Ha perso la ………………… nello Stato

15. Jean-Jacques Servan-Schreiber è l'autore di *La* ………………….. *americana*.

16. Perché sei così ……………… nei confronti del tuo collega?

17. Alfio ………………….. (pass. rem.) Turiddu a duello.

confidenziale, confidenza, sfidare, diffidente, sfida, sfiducia, diffidare, fiducioso, fidato, fiducia, fidarsi, fede, affidare, fedele, confidare, fedeltà

36. Trovare un sinonimo:

1.   Cominciò/ ………………… a lavorare.

2.   Continuò/ ………………… a dormire.

3. Occorrono/ .... scuole superiori e università.

4. Questo permette/ .... alla donna di esercitare una professione.

5. Ho deciso di continuare/ .... gli studi

6. Bisogna/ .... esaminare il problema della droga da varie angolature.

7. Molte volte mi è capitato/ .... di addormentarmi davanti al televisore.

8. Il Portogallo, la Spagna e l'Inghilterra presero/ .... a percorrere con le loro navi le rotte oceaniche.

9. Il paesaggio non è molto cambiato/ ....

10. Non ci sono riuscito/ ....

11. Per fare i compiti ci ho messo/ .... tre ore.

12. Hanno messo alla porta/ .... cinquanta operai.

13. Il quadro raffigura/ .... l'Ultima Cena di Gesù.

14. Siamo tornati a casa/ .... verso mezzanotte.

15. Potete usare/ ....il dizionario.

16. Ho cercato di/ .... convincerlo,

37. Aggiungere le lettere mancanti:

l'orienta..........	la ripara..........	lo specul..........
l'invit..........	l'investi..........	massi..........
il cavia..........	la libell..........	la gratific..........
il vegetar..........	lo schelet..........	l'eroti..........
gli asiat..........	il simula..........	l'isola..........
il narcis..........	l'interven..........	la tragic..........
il comment..........	il minare..........	la pill..........

la regat………	l'autogra………	la Bib………
l'invent………	il ………angelo	introver………
la cron………	finanzi………	fotog………
l'intrig………	la ………tarra	l'import………re
la cam………lla	solida………	il produ………
il fisioterap………	catalog………re	mobili………re
tirann………re	real………re	criti………re
acclimat………si	simbol………re	rival………re

38. **Completare con il nome di un "recipiente":**

1. Hai già riempito la ………………. da bagno?

2. Ti ho portato una ………………. di cioccolatini.

3. Quanti ………………. di sigarette fumi alla settimana?

4. L'ho pagato di ………………. mia.

5. Ieri sera abbiamo bevuto due ………………. di Chianti.

6. I ………………. sono contenitori di grandi dimensioni, collocati ai lati delle strade per mettervi i rifiuti.

7. Non c'è benzina nel ……………….

8. È arrivato il momento di preparare le ………………. e di partire.

9. Le banche custodiscono il denaro e gli altri valori in una ……………….

10. Ho già messo le valigie nel ……………….

11. Ci vuole una nuova ………………. di gas.

12. Non so dove ho messo l'………………. degli occhiali.

13. La …………… è una grossa cesta che si porta sulle spalle.

14. Il .... dell'uovo si è rotto e ne è uscito un pulci-
    no.

15. Il domatore è entrato nella .... dei leoni.

16. Non si può volere la .... piena e la moglie u-
    briaca.

17. Hai messo nella .... l'acqua per gli spaghetti?

18. Vuoi una .... di tè?

19. Nel .... c'erano cinque mozziconi.

20. Non è farina del tuo ....

21. ....: recipiente per la spazzatura.

22. Ho bevuto una .... di coca-cola.

23. Al mercato mi hanno rubato il ....

24. La tavola è apparecchiata, mancano solo i ....

25. Se vai in gita, ricordati di mettere nello .... la
    borraccia.

26. Le serve un .... (di plastica)? (al supermercato)

27. La parola .... significa anche insuccesso,
    smacco.

28. L'..................... è un oggetto da tavola, costituito essen-
    zialmente da due ...., una per l'olio, l'altra per
    l'aceto.

29. La .... è un grosso recipiente di vetro, usato
    soprattutto per il vino, di forma tondeggiante e ricoperto da
    un rivestimento di vimini o di plastica.

30. Il .... è un recipiente di vetro col collo lungo e
    stretto e la forma tondeggiante, rivestito di paglia o di plasti-
    ca.

31. Il postino deposita la posta nella ....

32. Non rompermi le ....!

33. Apri il .... della scrivania e troverai dei francobolli.

34. Nella .... si riponevano la biancheria e il corredo.

35. Il .... è un piccolo vano chiuso, solitamente al centro dell' altare, in cui sono custodite le ostie consacrate.

36. Sei proprio caduto dalla .... nella brace.

37. Quando si va a votare s'infila la scheda nell'....................

38. In questa .... tengo i miei disegni.

39. Non gettare per terra quella cartaccia: usa il ....!

40. Dove hai messo la .... della spesa?

41. Il .... è un borsello che si allaccia intorno alla vita.

42. Una .... di birra contiene venti bottiglie.

43. Il .... è una piccola borsa da uomo.

44. Un'edizione in ....

45. Angela, porta in tavola la .... dell'acqua.

46. Il .... è un recipiente con una fessura attraver so la quale si introducono le monete che si vogliono rispar- miare.

47. Il ladro fu sorpreso con le mani nel ....

48. .... : contenitore in cui si ripongono gli ombrelli.

49. Ho comprato alcuni .... di marmellata.

50. Ogni giorno la mamma mette dei fiori freschi nel ....

51. La miglior polenta è quella che si cucina nel ....

52. Devo lavare la .... del materasso.

53. Il commissario rimise la pistola nella ....

54. Mio marito mi ha regalato una .... di profumo.

vasca, scatola (2), pacchetto, tasca, bottiglia, cassonetto, serbatoio, valigia, cassaforte, bombola, astuccio, gerla, guscio, gabbia, botte, pentola, tazza, portacenere, sacco, pattumiera, lattina, portafoglio, bicchiere, zaino, sacchetto, fiasco, oliera/ ampolliera, damigiana, fiasco, cassetta (delle lettere), scatola, cassetto, cassapanca, tabernacolo, padella, urna, cestino, borsa, marsupio, cassetta, borsello, cofanetto, brocca/caraffa, salvadanaio, paiolo, sacco (2), fodera, fondina, portaombrelli, barattolo, vaso, bagagliaio, boccetta, astuccio, cartella

39. Mestieri e professioni

1. L'.................... gestisce un'impresa.

2. Il .... fa e ripara calzature.

3. L'.................... è proprietario di un albergo.

4. Il .... consegna le lettere.

5. Il .... è specializzato nella cura delle malattie della pelle.

6. Come si chiama il tuo .... di latino?

7. La .... insegna ai bambini a leggere e a scrivere.

8. Il riscaldamento non funziona; devo chiamare l'.................

9. Sono molto contento del mio .... di volo.

10. Lo .... ripulisce i camini dalla fuliggine.

11. Il .... è una persona che si consacra a Dio e alla religione, vivendo in solitudine o in piccole comunità.

12. Sbaglia anche il .... all'altare.

13. Il .... fa o vende il pane.

14. Il .... è una persona incaricata della nettezza urbana.

15. Il .... dirige una scuola d'istruzione secondaria.

16. Il .... esegue massaggi e ginnastica medica.

17. L'..................... fabbrica, ripara o vende orologi.

18. Come si chiama il medico specializzato nella cura delle malattie della gola, del naso e delle orecchie? – Si chiama ....

19. La .... è un'artista che si dedica all'arte di dipingere.

20. L'..................... è un operaio che imbianca le pareti.

21. Devo andare dal .... a comprare due chili di carne di maiale.

22. Ho chiamato l'..................... per sturare il lavandino.

23. L'..................... è il medico specializzato nella cura delle alterazioni delle ossa.

24. Il .... si occupa di persone con disturbi del linguaggio.

25. L'..................... costruisce e vende occhiali, lenti e altri strumenti ottici.

26. Il .... è addetto alla pulizia e alla custodia della scuola.

27. Il .... è il medico specializzato nelle malattie del cuore.

40. Completare con il nome di un "mezzo di trasporto":

1. Non è lontano. Ci andiamo a ....

2. È meglio andare con il .... di S. Francesco.

3. Siamo tutti nella stessa ....

4. Abbiamo preso il .... per Olbia.

5. Hai voluto la ....;pedala!

6. Questo .... ferma in tutte le stazioni.

7. La .... permette agli invalidi di spostarsi.

8. Per raggiungere rapidamente l'isola abbiamo preso l'.....................

9. Bisogna sempre mettere il casco quando si va in ....

10. I suoi genitori per la promozione gli hanno regalato un ....

11. Il .... è un'imbarcazione a vela o a motore costituita da due scafi paralleli collegati da un ponte.

12. Abbiamo fatto una bella gita in .... sul lago.

13. Il .... per Roma parte dal terzo binario.

14. Abbiamo preso il .... per andare a S. Marco.

15. Nei canali di Venezia circolano numerose ....

16. Gli infermieri hanno caricato la .... con il ferito sull'ambulanza.

17. Mi piacerebbe andare in America con la ....

18. Nell'antica Roma i patrizi si facevano trasportare dagli schiavi in lussuose ....

19. FIAT è l'acronimo di Fabbrica Italiana .... Torino.

20. Arrivato alla stazione, ho preso il ....

21. "....................." in origine voleva dire "carrozza ferroviaria di lusso", mentre oggi si chiamano così quegli autobus che fanno i viaggi fuori città.

22. L'..................... è atterrato senza difficoltà.

23. Per andare a scuola di solito prendo l'...................../ la ....

24. Il .... mi è partito sotto il naso.

25. Ogni giorno vado a .... per un'ora.

26. Dai, noleggiamo un ....

27. C'è stato un incidente. Chiami subito l' ....

28. Le .... che trasportano liquidi infiammabili sono dotate di sistemi di sicurezza.

29. Aiutami a caricare le valigie sul ....

30. L'.................... dei vigili portò via la macchina parcheggiata davanti al portone.

31. L'.................... è un animale domestico, simile al cavallo, con orecchie lunghe e diritte e pelo grigio, usato soprattutto per il trasporto di pesi.

32. Io sono salita a piedi, mentre mio marito ha preso l' ....

33. Sono in panne. Mi potrebbe mandare un ....?

34. Il .... ha pneumatici speciali per poter andare sulle rocce.

35. Il .... è un autoveicolo coperto che serve per il trasporto di merci.

36. Il .... è un autoveicolo internamente attrezzato per l'abitazione, usato per il turismo.

fuoristrada, furgone, camper, piede, cavallo, barca, traghetto, bicicletta, treno (2), sedia a rotelle, aliscafo, moto(cicletta), motorino, catamarano, barca, vaporetto, gondola, barella, nave (2), lettiga, automobile, taxi, pullman, aereo, autobus, corriera, tram, carrello, carro attrezzi, pedalò, autogru, (auto)ambulanza, autocisterna, cavallo, asino, ascensore,

41. Completare le seguenti frasi con un iperonimo adatto:

1. Il treno, l'aereo, il pullman e l'autobus sono .... di trasporto.

2. Il cavallo e le parallele sono .... sportivi.

3. La lavastoviglie, il televisore, la lavatrice e il tostapane sono ....

4. Hascisc, eroina e cocaina sono ....

5. L'insieme dei sacerdoti si chiama ....

6. La chitarra e il flauto sono .... musicali.

7. Il .... è formato dal Presidente del Consiglio e il Consiglio dei ministri.

8. La .... è il complesso degli scolari di una scuola.

9. La .... è l'insieme dei clienti.

10. L'armadio, il tavolo e le sedie sono ....

11. Prima di diventare scrittore, feci vari .... : il meccanico, il sarto, l'impiegato di banca.

12. Giovanni studia il francese, l'inglese, il tedesco e il russo. È molto portato per le ....

13. È ora di riporre gli .... invernali: cappotti, abiti pesanti, golf di lana, ecc.

14. Le .... sono l'insieme di piatti, vassoi, tazze ecc. usati a tavola.

15. Il .... è l'insieme di buoi, mucche, cavalli, pecore ecc. tenuti per l'allevamento e il lavoro.

16. Le .... sono l'insieme di cucchiai, coltelli e forchette.

17. Carta, penne, gomme, inchiostro, ecc. sono articoli di ....

42. Completare con le preposizioni (articolate) *a, di, da, per, in, su* o *0*:

1. la rapina .... banca

2. la legge .... divorzio

3. il compito .... classe

4. la società .... azioni

5. il paese .... ospite

6. le chiavi .... macchina

7. gli occhiali .... sole

8. il guasto .... motore

9. il cancro .... seno

10. la vittoria .... punti

11. la casa .... studente

12. l'avvelenamento .... funghi

13. il vestito .... misura

14. il corso .... principianti

15. l'imposta .... reddito

16. la corsa .... armamenti

17. la sala .... pranzo

18. il luogo .... provenienza

19. il permesso .... soggiorno

20. la conferenza .... stampa

21. carta .... parati

22. il baco .... seta

23. il vino .... bottiglia

24. la copia .... pirata

25. la conferenza .... disarmo

26. la temperatura .... ambiente

27. la trasmissione .... diretta

28. il rischio .... salute

29. il prezzo ………. amatore

30. il ballo ………. maschera

31. il raffreddore ………. fieno

32. il freno ………. mano

33. il latte ………. scatola

34. la cintura ………. sicurezza

35. il rischio ………. salute

36. l'ostello ………. gioventù

37. la causa ………. incendio

38. l'infortunio ………. lavoro

43. **Completare con il nome d'una parte del corpo:**

1. Gino ha le ……………….. bucate.

2. Non discuto con te. Sei una ……………….. calda.

3. Lascio decidere a Rossi che nel dirigere l'azienda è il mio ……………….. destro.

4. La ……………….. batte dove il ……………….. duole.

5. Bravo! L'ho sempre detto che sei un ragazzino in
   ………………..

6. Gli ……………….. sono lo specchio dell'anima.

7. Il ……………….. pieno fa la ……………….. vuota.

8. Le bugie hanno le ……………….. corte.

9. Chi non ha ……………….. abbia ………………..

10. In terra dei ciechi beato chi ha un ……………….. solo.

11. Le ore del mattino hanno l'oro in ………………..

12. I ladri entrarono nella villa e rubarono a ……………….. salva.

13. L'................... del padrone ingrassa il cavallo.

14. Qui ci vuole olio di ....

15. Vedono meglio quattro .... che due.

16. Lontan dagli .... lontan dal ....

17. Dar consigli a un innamorato è come lavare la .... all'asino.

18. L'hanno licenziato su due ....

19. Hai la .... sempre fra le nuvole.

20. Non bisogna mai fare il passo più lungo della ....

21. Testo con traduzione a ....

22. Suo marito alza troppo il ....

23. Ne ho fin sopra i ....

24. Ti passano troppe cose per la ....

25. Legatela al ....!

26. Non è più un segreto: è sulla .... di tutti.

27. .... per ...., ... per ....

28. Ora comincia a sospettare: gli hanno messo una pulce nell'...................

29. Fra moglie e marito non mettere il ....

30. Dopo una lunga discussione sono venuti alle ....

31. Questa faccenda mi sta molto a ....

32. Mio fratello ha uno .... di struzzo.

33. Mia moglie ha il .... verde.

34. L'influenza è spesso accompagnata da un forte mal di ....

35. Non mangiarti le ....!

36. Questo ministro ha già tre matrimoni alle ....

37. Che cosa ti ha sussurrato all'...................?

38. La bambina portava una catenina d'oro attorno al ....

39. Il .... è la parte inferiore del viso.

40. Il ragazzo aveva le .... arrossate per la gran corsa.

41. L'................... è il primo e più grosso dito del piede.

42. Non fare quella .... da stupido!

43. Mi fa male il .... d'Achille.

44. Per affrontare questa situazione ci vuole del ....

45. Ho mal di ...., perché ho lavorato molto in giardino.

46. Il .... è la parte anteriore del corpo umano, tra il collo e l'addome.

47. La madre allattava il neonato al ....

48. Mio marito ha messo su ....

49. La polizia è alle .... del fuggitivo.

50. La nostra squadra ha messo in .... l'avversario.

51. La portinaia puntò le mani sui ....

52. Riccardo sentì un nodo alla ....

53. Avrei potuto rompermi l'osso del ....

guancia, alluce, faccia, tallone, fegato, mento, collo (3), orecchio (2), mano, testa (4), braccio, lingua, dente, gamba (3), occhio (5), ventre,, occhio, bocca, man(o) (2), cuore (2), testa, piede, fronte, gomito (2), capello, bocca, dente (2), (2), dito, schiena, stomaco, pollice, gola (2), unghia, spalla, ginocchio, fianco, pancia, seno, calcagno, petto, mento

44. Libri

1. Ti piacciono i .... gialli?

2. Per trovare l'origine di una parola devi consultare il
    ....

3. Il nostro professore di latino è un'.................. ambulante.

4. Val più la pratica che la ....

5. La .... è divisa in due parti: il Vecchio e il Nuovo Testamento.

6. Non ho trovato il suo nome sull'..................... telefonico.

7. Gli avvocati consultano il .... civile e il .... penale.

8. Nell'ora di geografia usiamo regolarmente l'.....................

9. L'..................... è un libro in cui sono raccolti testi e poesie di uno o più autori.

10. Il .... è il libro sacro della religione musulmana.

11. Il .... è un libro che raccoglie una serie di ricette.

12. Abbiamo un nuovo .... di storia.

13. Sulla .... del libro c'è una bambina che ride.

14. Nei .... ci sono molte espressioni onomatopeiche come gasp, bong, sigh.

15. Non ricordo il .... del libro.

16. L'........... definitiva de I Promessi Sposi uscì nel 1840.

45. Sostituire ai puntini il nome di un colore:

1. Ho lasciato in .... la data dell'assegno.

2. Ti è piaciuto il .... che hai letto ieri sera?

3. Di notte tutti i gatti sono ....

4. Ho passato la notte in ....

5. Non ho più un soldo. Sono al ....

6. .... di sera, bel tempo si spera.

7. Lui è pessimista; vede tutto ....

8. Lei è la pecora .... della famiglia.

9. Non mi ero accorto di essere passato col ....

10. «Vedere tutto .... » significa: essere molto ottimista.

11. Due alunni hanno consegnato il foglio in ....

12. La mia amica sogna ancora il principe ....

13. Mia cognata ha il pollice ....

14. Ho consultato le pagine .... per trovare un idraulico.

46. Attenzione ai falsi amici!

1. un'impresa .... (riskant)

2. una donna .... (faszinierend)

3. una camera .... (möbliert)

4. un atto .... (sadistisch)

5. un partito .... (progressiv)

6. opinioni .... (konservativ)

7. una società .... (solidarisch)

8. una situazione .... (katastrophal)

9. un affare .... (rentabel)

10. un atteggiamento .... (bizarr)

11. un intervento .... (ambulant)

12. una risposta .... (stereotyp)

13. le regioni .... (tropisch)

14. una persona .... (skrupellos)

15. una lingua .... (romanisch)

16. un commento .... (rassistisch)

17. una pettinatura .... (modisch)

18. una ragazza .... (fotogen)

19. un giudice .... (parteiisch)

20. il punto .... (neuralgisch)

21. oro .... (massiv)

22. un carattere .... (extrovertiert)

23. un appartamento .... (komfortabel)

24. una persona .... (kultiviert)

25. un signore .... (distinguiert)

26. la facoltà .... (medizinisch)

27. un collega .... (loyal)

28. una villa .... (luxuriös)

29. una legge .... (physikalisch)

30. mobilia .... (rustikal)

31. un ragionamento .... (theoretisch)

32. un lavoro .... (stressig)

33. una pubblicità .... (kontraproduktiv)

34. i comuni .... (rivalisierend)

35. un viaggio .... (strapaziös)

36. una donna .... (attraktiv)

37. leggi .... (drakonisch)

38. un componimento .... (elegisch)

39. problemi .... (finanziell)

40. colori .... (intensiv)

41. un nome .... (fiktiv)

42. un comportamento .... (konsequent)

47. Chiesa, Religione

1. Morto un .... se ne fa un altro.

2. Sbaglia anche il .... all'altare.

3. Qui mi sento come un cane in ....

4. Bisogna sentire tutte e due le .... come suonano.

5. Preferisco viaggiare con il cavallo di S. ....

6. Finita la festa, gabbato il ....

7. I .... eleggono il .... in conclave.

8. I .... sono sette.

9. Suo zio non è uno stinco di ....

10. A Milano non c'è solo il .... in stile gotico con la sua Madonnina, ma ci sono anche la .... di Sant'Ambrogio con lo stupendo altare d'oro, la .... di Santa Maria delle Grazie con "L'....................." di Leonardo, ...

11. San Gennaro è il .... di Napoli.

12. Il .... è un piccolo vano chiuso, solitamente al centro dell' ...., in cui sono custodite le .... consacrate.

13. Il .... ha l'incarico di custodire e tenere in ordine la sagrestia e gli arredi sacri.

14. L'..................... è a capo di un monastero o di un'abazia.

15. La signora si inginocchiò e si fece il segno della ....

16. La Divina Commedia parla di un viaggio immaginario compiuto da Dante all'età di trentacinque anni nei tre regni dell'Aldilà: ...., ... e ....

17. La nonna è andata in chiesa a recitare il ....

Inferno, Purgatorio, Paradiso, papa, prete, chiesa, campana, Francesco, santo, cardinale, papa, sacramento, santo (2), Duomo, Basilica, chiesa, Ultima Cena, patrono, tabernacolo, altare, ostia, rosario, sagrestano, abate, croce,

48. Completare con il nome d'un animale:

1. Sono arrivato a casa bagnato come un ....

2. Ho una fame da ....

3. Sei un .... calzato e vestito.

4. .... che abbaia non morde.

5. Sopra la panca la .... campa, sotto la panca la .... crepa. (scioglilingua)

6. Mario ha uno stomaco di .... Per una scommessa ha mangiato diciotto uova.

7. Conosco i miei ....!

8. Ho preso due .... con una fava.

9. Si è messo a piangere come un ....

10. In bocca al ....!

11. In teatro c'erano quattro ....

12. Mario, fra le molte signorine che sono qui a villeggiare, è proprio il .... nel pollaio.

13. Chi dorme non piglia ....

14. A .... donato non si guarda in bocca.

15. Tanto va la .... al lardo che ci lascia lo zampino.

16. Chi di .... nasce convien che razzoli.

17. Una .... non fa primavera.

18. Quando l'.................... è pieno disprezza il fieno.

19. Meglio un uovo oggi che una .... domani.

20. Quando il .... non c'è i .... ballano.

21. Non si deve stuzzicare il .... che dorme.

22. Si muove come un .... tra le porcellane.

23. E muoviti ....!

24. Ascolta pure i suoi consigli: per quanto riguarda gli affari ci sa fare; è una ....

25. Sono lacrime di ....

26. Il bambino è stato investito mentre attraversava la strada sulle ....

27. Il .... perde il pelo, ma non il vizio.

28. Qui casca l'....................

29. Ecco fatto il becco all'....................!

30. Volerlo correggere è come voler raddrizzare le gambe ai ....

31. Non fare d'una mosca un ....

32. Oggi fa un freddo ....

33. Questo sarebbe gettare le margherite ai ....

34. Moglie e .... dai paesi tuoi.

35. Stanotte ho dormito come un ....

36. Non è un' .... (= Non è una persona portico-larmente intelligente.)

37. Abbiamo quasi finito: siamo a ....

38. .... ci cova!

39. Il .... fa le fusa.

40. Da che cosa è causato il morbo della .... pazza?

zanzara, lupo (3), asino (3), oca, cane 4), porco, bue, ghiro, aquila, cavallo(2), pulcino, capra, struzzo, pollo, piccione, vitello, gatto (2), gallo, pesce, gatta (2), gallina (2), rondine, gatto, topo, elefante (2), mucca, lumaca, volpe, coccodrillo, zebra

49. Trovare un sinonimo:

1. Mario è sempre disposto/ .... ad aiutare gli altri.

2. Il francese e l'italiano sono lingue neolatine/ ....

3. Anche loro erano implicati/ .... in scandali politici.

4. Giacomo Leopadi è uno dei più grandi/ .... poeti italiani.

5. Non sono contento/ .... di questa soluzione.

6. Questa parola si usa anche in senso figurato/ ....

7. Non mi è lecito/ .... restare/ .... ancora all'aperto.

8. Ero avvezzo/ .... a quelle condizioni di lavoro.

50. Trovare il contrario:

1. Mio marito va a letto presto// ....

2. Oggi abbiamo giocato molto bene// ....

3. Preferisco restare fuori// ....

4. L'uomo di oggi volentieri// .... accetta una donna indipendente e autonoma.

5. Oggi ho mangiato più// .... del solito.

6. Lo vedo spesso// ....

7. Ci vado sempre// ....

8. Sono arrivato dal mio cliente puntualmente// ....

9. La fabbrica si trova in una zona densamente// .... popolata.

10. Gli ospiti sono già// .... arrivati.

51. Completare con il nome di una pianta:

1. Non c'è .... senza spine.

2. Suo fratello ha gettato la tonaca alle ....

3. Sono andato in brodo di ....

4. Suo fratello è conosciuto come la ....

5. I .... vengono di sovente associati ai morti.

6. Se son ...., fioriranno.

7. "Turbante" e "..................." hanno la stessa origine.

8. Per i milanesi non è tutto .... e fiori. Ci sono anche molti problemi, come per esempio quello del traffico.

9. Le foglie del .... sono l'alimento dei bachi da seta.

crisantemo, giuggiole, bet(t)onica, gelso, tulipano, rosa (3), ortica

52. Trovare un sinonimo:

1. Roberto non alzò/ .... la testa dal piatto.

2. La ragazza si è lanciata/ .... dal settimo piano di un palazzone romano.

3. Non voglio entrare/ .... nei dettagli.

4. Il professore saltò/ .... su dalla sedia.

5. Ho fatto/ .... un corso di russo.

6. Fino ad allora gli uomini si erano alimentati/ .... cacciando animali e raccogliendo piante che crescevano spontaneamente.

7. Mussolini è andato/ .... al potere nel 1924.

8. Non sprecare/ .... tutti quei soldi!

9. Il compito in classe è stato rimandato/ .... di una settimana.

10. Sarà difficile smuoverlo/ .... da questo proposito.

balzare, salire, frequentare, scendere, nutrire, sciupare, buttarsi, levare, distogliere, spostare

53. Sostituire gli avverbi con espressioni avverbiali:

1. inizialmente   ....

2. improvvisamente   ....

3. indubbiamente   ....

4. prevalentemente   ....

5. sostanzialmente   ....

6. continuamente   ....

7. telefonicamente   ....

8.	specialmente	…………………..
9.	sicuramente	…………………..
10.	personalmente	…………………..
11.	regolarmente	…………………..
12.	tirannicamente	…………………..
13.	raramente	…………………..
14.	mediamente	…………………..
15.	perfettamente	…………………..
16.	effettivamente	…………………..
17.	recentemente	…………………..

54. Ridere

1. Mi …………………. da ridere.
2. Non potei fare a …………………. di ridere.
3. Tutti scoppiarono in una grande ………………….
4. Un signore si teneva la …………………. per il troppo ridere.
5. Tutti ormai ridevano a ………………….
6. Tutti insieme ridevano ………………….
7. Fai ridere i ………………….
8. Ride …………………. chi ride ………………….
9. Mi accorsi che rideva sotto i ………………….
10. Gli alunni scoppiarono …………………. ridere.
11. Non ridere …………………. lui!
12. Lo prendono sempre in ………………….
13. L'ho comprato a un prezzo ………………….
14. Suo fratello è un ………………….

15. Mi è passata la .... di ridere.

16. Finalmente la fortuna gli .... (pass. rem.)

17. Ha fatto una figura ....

18. Quel bambino ha sempre il .... sulle labbra.

19. Tutti lo .... per i suoi difetti.

20. Il bambino era triste, ma ora ....

21. Il nostro vicino è sempre ....

22. Gli passerà la .... di ridere.

deridere, sorriso, ridicolo, arridere, voglia, burlone, giro, di, a, bene, ultimo, baffo, pollo, fragorosamente, irrisorio, crepapelle, risata, sorridente, pancia, venire, meno, sorridere

55. Fenomeni fisiologici

1. Quando si ...., si mette la mano davanti alla bocca.

2. Durante la traversata sulla nave, ho .... per il mal di mare.

3. Mio marito .... spesso, perché fuma troppo.

4. Quando sento questa musica mi viene da ....

5. Il bambino sta .... dal freddo.

6. Lo zio .... così forte da far tremare le pareti.

7. Ad un tratto tutti si misero a ....

8. La ragazza scoppiò in ....

9. Mi sono preso un bel raffreddore e non faccio che ....

10. Mi vengono i .... solo a pensarci.

11. Ho la pelle d'.....................

12. I legumi provocano ....

13. Per l'emozione mi .... le mani.

14. Il bimbo ha fatto il ....

15. Mamma, mi scappa la ....

16. Mia sorella, imbarazzata, ... (pass. rem.) per il complimento.

17. Sono quattro giorni che non vado di ....

18. Mia nonna soffre di ....

19. Il vino mi fa venire il ....

20. Il mio collega ha un .... nervoso.

21. Quando ricevette quella brutta notizia la nonna .... (pass. rem.)

22. Con queste temperature si .... facilmente.

23. La donna trasse un profondo ....

24. .... a tavola è considerato poco civile, in Occidente.

25. Devo .... la pillola con un po' d'acqua.

flatulenza, russare, ruttino, brividi, oca, tossire, starnutire, ridere, singhiozzo, piangere, arrossire, tremare (2), vertigini, sbadigliare, tic, vomitare, bruciore di stomaco, inghiottire, ruttare, sudare, sospiro, corpo, pipì

56. Completare col verbo *pendere* e i suoi corradicali:

1. Mi aiuti ad .... il quadro alla parete?

2. Io .... ancora economicamente dai miei genitori.

3. A causa della nebbia la partita di calcio è stata ....

4. Pisa offre al turista la sua meravigliosa piazza dei Miracoli, con il duomo, il battistero e la torre ....

5. Nell'Ottocento i patrioti italiani combatterono per l'..........................

6. "Tossico.........................." è sinonimo di „tossicomane".

7. Siamo scesi lungo il .... del monte.

8. Vieni anche tu in discoteca? - ....

9. I nostri vicini hanno un bellissimo giardino ....

10. Nostro nipote ha una .... per la musica.

11. Dal soffitto .... un enorme lampadario.

appendere, dipendere (2), sospendere, pendente, indipendenza, pensile, pendio, propensione, pendere, tossicodipendente

57. Indumenti

1. Se io fossi nei tuoi ...., non lo farei.

2. L'ho pagato di .... mia.

3. È lei che porta i ....

4. Questo è un altro paio di ....

5. Bisogna stringere la ....

6. Sei proprio nato con la ....

7. Bisogna trattarlo coi ....

8. "Prendere qd per i ...." significa "prenderlo in giro".

9. Blusa e .... sono sinonimi.

10. Non porto mai la ....

11. "Gettare la .... alle ortiche" significa: abbandonare la vita sacerdotale/ lasciare un ordine religioso.

tonaca, cravatta, pantaloni, fondelli, guanto, camicia, camicetta, cintura, manica, calzoni, tasca, panni

58. Il fumo

1. Questo è uno scompartimento per ....

2. Mio marito è un fumatore ....; fuma una sigaretta dopo l'altra.

3. Angelo fuma come un ....

4. Io fumo solo sigarette con ....

5. Mio nonno fuma la ....

6. A .... di fumare si è .... la salute.

7. Perché hai .... di fumare?

8. Mio padre fuma due .... di .... al giorno.

9. Nel Veneto ci sono molte piantagioni di ....

10. Il .... vende sigarette, sigari e tabacco.

11. Il .... fa venire il .... ai polmoni.

12. Bacco, ... e Venere riducono l'uomo in cenere.

13. Anche il .... passivo è pericoloso.

14. Non .... spesso. Sono un fumatore ....

15. Il ...., è ormai provato, è una vera e propria droga che provoca .... e causa numerose ...., alcune mortali.

16. La .... contenuta nel .... produce degli effetti sul cervello.

17. Le madri mettono in serio .... la vita del loro bambino se .... durante la .... e rischiano di avere un .... più difficile.

pipa, parto, accanito, turco, filtro, malattia, furia, rovinare, pacchetto, smettere, sigaretta, tabacco (3), gravidanza, fumo (3), cancro, fumare (2), occasionale, assuefazione, fumatore, nicotina, pericolo, tabaccaio

59. Sostituire le parole stampate in corsivo con un aggettivo:

1. l'energia *del sole/* ....

2. la pianura *del Po/* ....

3. la società *dei consumi/* ....

4. lo Stato *della Chiesa/* ....

5. l'inquinamento *dell'aria e dell'acqua/* .... e ....

6. carne *di maiale/* ....

7. una ragazza *di quindici anni/* ....

8. nel campo *dell'arte/* ....

9. i regali *di Natale/* ....

10. un'opera *del Settecento/* ....

11. le vacanze *di Pasqua/* ....

12. l'Italia *del Nord/* ....

13. la superficie *della terra/* ....

14. disturbi *di stomaco/* ....

15. le strutture *del porto/* ....

60. **Trovare il contrario:**

1. È aumentata// .... la disoccupazione.

2. La lingua si allontanava sempre più dall'// ....
uso parlato.

3. Ti sei ricordato di// .... imbucare la lettera?

4. Accendi// .... la televisione!

5. Ti dispiace alzare// .... le tapparelle?

6. Perché non gli hai risposto// ....?

7. Io amavo// .... mio padre.

8. I professori la lodavano// ....

9. Torno a// .... casa alle sette.

10. Sono dimagrito// .... di cinque chili.

11. Hai prenotato// .... la camera?

12. La bambina è scoppiata a ridere// ....

13. L'imputato è stato condannato// ....

14. Gli abitanti lo stimarono// ....

15. Mio padre ha sempre partecipato alla// .... vita
politica.

16. Le condizioni di vita sono migliorate// ....

17. Alzati! // ....

18. A che ora ti sei svegliato// ....?

19. Un uomo scese dal// .... taxi.

20. Il ragazzo arrossì// ....

21. Perché hai smesso di // .... fumare?

22. La ditta ha licenziato// .... cinquanta operai.

23. Non bisogna drammatizzare// .... la situazione.

24. Hai resistito// .... alla tentazione?

25. I primi tentativi erano riusciti// ....

26. In fondo abbiamo perso// .... noi.

27. Gigino abbassò// .... la testa.

28. L'ho visto salire// .... le scale

29. Un uomo è entrato nell'// .... appartamento.

30. Stringi// .... un po' la vite!

31. L'aereo per Madrid sta per decollare// ....

32. Abbiamo sottovalutato// .... le sue capacità.

33. La tavola era ancora apparecchiata// ....

34. Abbassa// .... un po' il volume della radio, per favore.

35. Mettiti//................... la giacca

61. La droga

1. Perché .... tanti giovani?

2. Si è proposto di liberalizzare l'uso della ....
per evitare la .... del .... dallo
....

3. Il pericolo più grave è che si passi dalle ....
leggere a quelle ....

4. Non tutti riescono a uscire dal .... della
....

5. Il giovane è morto per un'....................

6. .... significa iniettarsi droghe, specialmente
....

7. La diffusione della .... ha causato molte
   ....

8. L'.................... provoca una rapida .... e
   ....

9. Il fenomeno della .... continua ad espandersi.

10. Un ...., per superare la .... è co-
    stretto a rubare, a ...., a prostituirsi.

assuefazione, droga (4), overdose, pesante, dipendenza (2), tunnel, drogarsi, tossicomane/ tossicodipendente/ drogato, bucarsi,
crisi di astinenza, spacciatore, tossicodipendenza, vittima, eroina
(2), spacciare

62. Completare col verbo *prendere* e i suoi corradicali:

1. La Liguria .... quattro province.

2. Il professore di latino mi ha .... a copiare.

3. Il tuo amico parla un tedesco poco........................

4. I nostri genitori hanno .... un lungo viaggio
   intorno al mondo.

5. Il conto è .... del servizio.

6. A Parma ci sono molte grandi .... come la
   Barilla, la Parmalat e tante altre.

7. Ammiro il suo spirito ....

8. Si tratta di un problema di difficile ....

9. Sembrava che la ditta dovesse fallire, ma poi
   .... (pass. pross.)

10. Che bella ....!

11. Ero talmente .... di vederlo che non riuscivo
    a parlare.

12. I risultati sono veramente..............................

13. Il nostro professore di latino è molto ....

14. Valerio è........................... con le donne.

15. Ho .... la notizia dalla radio.

16. Il processo .... domattina.

17. Sua figlia ha sposato un ricco .... edile.

18. Ho tentato a più .... di telefonargli, ma era sempre occupato.

19. I compagni lo hanno soprannominato "genio ...."

20. Il nonno è una persona molto ....

21. Nostro figlio ha difficoltà di ....

22. Maria ha un carattere ....

23. Vado a .... i bambini.

comprendere, sorprendere, comprensibile, intraprendere, comprensivo (3), impresa, imprenditoriale, comprensione, riprendersi, sorpresa, sorpreso, sorprendente, intraprendente, apprensivo, apprendere, impresario, riprendere, apprendimento, ripresa, incompreso, prendere, imprenditore

63. Quantità

1. Un .... sono cento grammi.

2. Mio zio guadagna un .... di soldi.

3. Ci vuole ancora un .... di sale.

4. Mi basta un .... di formaggio.

5. Mangi un'altra .... di torta?

6. Un .... è una misura di peso, pari a cento

chilogrammi.

7. Vuoi uno .... d'arancia?

8. Prendo mezzo .... di questi pomodori.

9. Uno .... d'aglio basta.

10. Vai a prendere un .... di prezzemolo.

11. Aggiungi ancora una .... di burro.

12. Ci vuole ancora un .... di maggiorana.

13. Alla fine aggiungete un .... d'olio.

14. Cospargete gli agnolotti con una .... di parmigiano grattugiato.

rametto, pezzo, chilo, fetta, manciata, ciuffo, pizzico, spicchio (2), filo, etto, quintale, noce, sacco

64. Periodi

1. Il "........................" è un periodo storico che porta l'Italia all'indipendenza e all'unità.

2. L'........................ è un movimento culturale, sviluppatosi in Europa durante il sec. XVIII., che si proponeva di combattere l'ignoranza e l'oscurantismo affidandosi ottimisticamente e incondizionatamente alla forza della ragione.

3. L'........................ rappresenta la prima manifestazione culturale del Rinascimento.

4. Giovanni Verga è il massimo esponente del ....

5. Il .... è il periodo storico compreso tra la caduta dell'Impero Romano d'Occidente (476 d.C.), che

segna la fine dell'evo antico, e la scoperta dell'America (1492) che segnala l'inizio dell'evo moderno.

6. Nell' .... greca e romana esisteva la schiavitù.

7. Alessandro Manzoni è il caposcuola del .... italiano.

8. La culla del .... è Firenze.

9. Bernini, Caravaggio e Tiepolo sno artisti del ....

10. Il .... nacque nell'impero carolingio, quando i sovrani concedettero feudi da governare in cambio di fedeltà e protezione militare.

Rinascimento, romanticismo, antichità, medioevo, verismo, umanesimo, Barocco, illuminismo, Risorgimento, feudalesimo

65. Completare col verbo *vincere* e i suoi corradicali:

1. A Canne Annibale riportò una celebre .... contro l'esercito dei Romani.

2. Purtroppo non siamo riusciti a .... il nostro collega.

3. Bisogna rispettare le .... degli altri.

4. Il palio viene dato in premio al .... di una corsa di cavalli che si svolge due volte all'anno: il 2 luglio e il 16 agosto.

5. Secondo me, questo non è un argomento ....

6. Guai ai ....!

7. Qual è il biglietto ....?

8. I verbi "vincere" e "........................" non hanno la stessa origine.

9. Molti italiani sono .... di essere grandi esperti di calcio.

10. Nonostante le prove non vuole .... del suo errore.

11. A Waterloo gli Inglesi e i Prussiani .... (pass. rem.) Napoleone.

convinto, avvincere, vinto, convincente, vincitore, convinzione, convincersi, vittoria, convincere, vincente, vincere

66. Titoli

1. Il .... era il magistrato supremo delle repubbliche di Venezia e di Genova.

2. Nel 1861 Vittorio Emanuele II fu riconosciuto primo .... dell'Italia Unita.

3. Il .... è il capo della Chiesa cattolica.

4. "......................" fa al plurale "duchi".

5. Nel medioevo feudale, il .... era investito dal sovrano di un grande feudo , con speciali privilegi e vassalli propri.

6. L' .... incolpò i cristiani dell'incendio che devastò Roma.

7. La .... Elisabetta II è sul trono da più di cinquanta anni.

8. "......................" è un titolo onorifico che viene attribuito a persone che si sono distinte in una particolare attività.

9. Stefano è ....in economia e commercio.

10. Come si chiama il .... del Consiglio d'Europa?

11. Nel 1852 Camillo Benso .... di Cavour diventa primo ministro dello stato piemontese.

12. Il .... viene eletto dal consiglio comunale.

13. L'opera più importante di Niccolò Machiavelli (1469-1527) è "Il ....".

regina, Principe, sindaco, Conte, papa, dottore, commendatore, imperatore, barone, duca, doge, re, principessa, presidente

67. Completare col verbo _cedere_ e i suoi corradicali:

1. Alla villa si .... dal giardino.

2. "Benché" è una congiunzione ....

3. In questo momento molti paesi stanno attraversando una fase di ....

4. Mi .... questo ballo?

5. Vietato l'..................... ai non addetti ai lavori.

6. Lei non ha rispettato la ....

7. .... e morire sono sinonimi.

8. In questo caso l'aggettivo .... il sostantivo.

9. Bisognerebbe snellire le complicate .... burocratiche.

10. Che cosa è ....?

11. Il ministro degli Esteri si è dimesso. Non si conosce ancora il nome del suo ....

12. Abbiamo riportato un .... strepitoso.

13. Tutto .... secondo i piani.

14. Mario e Angela si conobbero a Siena e si sposarono l'anno ....

15. Il .... si svolgerà a porte chiuse.

16. La stampa critica il lento .... delle indagini.

17. Umberto I .... a Vittorio Emanuele II.

18. Il .... è colui che ha preceduto altri in una carica o in un ufficio.

19. I genitori hanno .... alle insistenti richieste del figlio.

predecessore, precedere, cedere, procedimento, processo, successivo, procedere, successo, succedere (2), successo, procedura, precedere, decedere, accesso, concedere, recedere, recessione, concessivo, accedere, precedenza, successore

68. Trovare il sostantivo (con l'articolo determinativo):

1. incontrare   ....

2. denunciare   ....

3. avvertire   ....

4. inviare   ....

5. ricercare   ....

6. piangere   ....

7. riuscire   ....

8. predicare   ....

9. estorcere   ....

10. insistere   ....

11. ascoltare   ....

12. inquietare   ....

13. fondere   ....

14. riciclare   ....

15. punire   ....

16. crollare ....

17. rovinare ....

18. continuare ....

19. ricoverare ....

20. assumere ....

21. esplodere ....

22. spremere ....

23. spingere ....

24. sapere ....

69. Completare col verbo *tenere* e i suoi corradicali:

1. Bisogna .... alle regole.

2. (Io) non .... a nessun partito.

3. Ho difficoltà a .... la mia famiglia.

4. Non La voglio .... oltre.

5. Avevamo la possibilità di .... con lei più di un'ora.

6. Che cosa fai per .... in forma?

7. Che cosa .... quella botte?

8. Questo è un impianto di facile ....

9. La .... di strada di questa macchina è ottima

10. Chi .... il record mondiale dei mille metri?

11. Lo stadio può .... sessantamila persone.

12. Il .... del racconto è questo: ...

13. Il testimone .... di averlo visto entrare nel negozio.

14. Gli argomenti portati a .... della tesi sono: ...

15. (Noi) lo .... (imperf.) un amico fidato.

16. Il .... di vita dei popoli del Terzo Mondo è bassissimo.

17. Sono .... della Juve

18. L'educazione mi .... (pres.) dal rispondergli per le rime.

19. Il .... Luciano Pavarotti ha percorso una brillante carriera.

20. Questa torta è da .... al fresco.

attenersi, appartenere, mantenere, ritenere, intrattenersi, mantenersi, appartenenza, manutenzione, tenuta, detenere, contenere (2), contenuto, tenore (2) sostenere, tenere, sostegno, trattenere (2)

70. Sostituire le seguenti espressioni con un verbo:

Esempio: togliere la buccia → sbucciare

1. mettersi in cammino ....
2. far diventare sordo ....
3. prendere nota ....
4. togliere la caffeina ....
5. fare paura ....
6. rendere più grave ....
7. far diventare freddo ....
8. rendere più giovane ....
9. mostrare con il dito ....
10. infondere coraggio ....

11.	rendere più bello	....
12.	rendere robusto	....
13.	rendere debole	....
14.	farsi prendere dalla rabbia	....
15.	rendere più corto	....
16.	far diventare triste	....
17.	diventare rosso in volto	....
18.	diventare vecchio	....
19.	rendere più forte	....
20.	rendere più leggero	....
21.	togliere il coraggio	....
22.	rendere più lungo	....
23.	rendere sereno	....
24.	rendere pù grande	....

71. Completare col verbo *venire* e i suoi corradicali:

1. La corte di Lorenzo, detto il Magnifico, diventa un centro per artisti, scultori e poeti .... da tutto il mondo.

2. La refurtiva è stata .... nel bagagliaio di un'automobile abbandonata.

3. Bisogna pensare all'........................

4. La ragazza è .... per il caldo eccessivo.

5. Quella partita fu un .... memorabile.

6. Dobbiamo pensare alle generazioni ....

7. Quali sono i vantaggi e quali sono gli .... di questa soluzione?

8. Si potrebbero .... numerose malattie

professionali se i datori di lavoro si preoccupassero un po' di più della salute dei dipendenti.

9. La discussione degenerò in rissa e la polizia fu costretta ad ....

10. Mi dovrò sottoporre a un .... chirurgico.

11. Non è nulla di grave, è solo uno .... dovuto al caldo e alla ressa.

12. Voglio sapere come è .... l'incidente.

13. Una .... può capitare a ciascuno di noi.

14. Non .... vedere quel film.

15. Sua sorella è .... rossa per l'imbarazzo.

16. Una donna .... è una donna che ha grazia.

17. Mia sorella mi ha telefonato per annunciarmi il lieto ....

18. Oggi è la prima domenica di ....

19. Che ....! Ho perso il mio cellulare.

20. Suo marito aveva un'........................ con la sua segretaria.

21. È .... il momento di agire.

avvenente, inconveniente, convenire, divenire/ diventare, avvenire (3), svenimento, Avvento, evento (2), intervento, intervenire, avve-nimento, sventura, prevenire, avventura, svenire, rinvenire, venire, provenire, disavventura

72. I versi degli animali:

1. Il cavallo ....

2. La rana ....

3. Il cane   ....

4. Il leone   ....

5. L'asino   ....

6. La mucca   ....

7. La pecora   ....

8. Il maiale   ....

9. Il gatto   ....

10. Il passero   ....

11. l'elefante   ....

12. Il cervo   ....

13. Il corvo   ....

14. Il lupo   ....

15. Il serpente ....

16. Il tacchino ....

17. La gazza   ....

stridere, belare, sibilare, ululare, gracchiare, gracidare, barrire, cinguettare, miagolare, grugnire, gloglottare, muggire, abbaiare, , squittire, ragliare, bramire, nitrire, ruggire

73.   Successo - Insuccesso – Difficoltà

1. Ho .... l'esame di guida.

2. Mi hanno .... all'esame di guida.

3. Provaci ancora! – È inutile, non ....

4. Purtroppo le foto non sono ....

5. Tutti i nostri progetti sono ....

6. I tifosi hanno festeggiato il .... della loro squadra.

7. Voglio smettere di fumare, ma non ....

8. Macché, la tournée è stata un .... completo.

9. Ho .... a vedere da lontano.

10. Mi fa male la gamba. .... a camminare.

11. Ho una certa .... a piegare il braccio.

12. Abbiamo subito una pesante ....

13. Nessuno si vuole assumere la responsabilità di questo ....

14. Credevano di avere già la .... in pugno.

15. Con la pazienza si .... molte ....

16. Siamo rimasti con un ....

17. Questo progetto è destinato al....................

18. Quel concerto è stato un vero ....

19. Sono riuscito a superare l'esame a ....

pugno di mosche, superare, bocciare, riuscirci, andare a monte, farcela, disastro, problema, stentare, difficoltà (2), sconfitta, fallimento, stento, insuccesso, vittoria, fiasco, vincere, riuscire, successo

74. Completare col verbo *tendere* e i suoi corradicali:

1. Devo ancora .... il bucato.

2. La città .... (pass. pross.) verso la collina.

3. Quanto dura la .... della perizia?

4. Mio marito .... a drammatizzare.

5. I rapporti tra le due famiglie sono molto ....

6. Questa presa ha una .... di 220 volt.

7. Mi affascina la .... del mare.

8. Sono stanco, vado a .... un po'.

9. Lo .... è un attrezzo su cui si stende la biancheria da asciugare.

10. Ho .... a ingrassare.

11. Con i propri coetanei i giovani possono parlare di tutto senza paura di essere ....

12. Che cosa s'................... per *democrazia*?

13. Abbiamo .... di partire sabato.

14. Purtroppo non siamo riusciti nel nostro...................

15. .... al cane!

16. Ero .... a scrivere una lettera quando sentii un grido.

17. È stato un semplice ....

18. Ci hanno fatto .... per delle ore.

19. Si tratta di informazioni poco ....

20. ....! Il semaforo è rosso!

tendere, attenzione, stendere, stesura, teso, tensione, distesa, distendersi, stenditoio, tendenza, fraintendere, intendere, attendibile, intenzione, intento (2), attendere, malinteso, attento, estendersi

75. Trovare il verbo:

1. evoluzione   ....

2. esercizio   ....

3. timore   ....

4. corruzione ....

5. residenza ....

6. possesso ....

7. convinzione ....

8. adesione ....

9. estorsione ....

10. esecuzione ....

11. intimidazione ....

12. estradizione ....

13. vittoria ....

14. sconfitta ....

15. stesura ....

16. interruzione ....

17. repressione ....

18. confusione ....

19. vendetta ....

20. divieto ....

21. congiunzione ....

22. edificio ....

23. condotto ....

24. contento ....

25. estrazione ....

26. redazione ....

27. redenzione ....

76.   Come si dice?

1.   noioso come una ....

2.   bagnato come un ....

3.   brutto come la ....

4.   nudo come un ....

5.   povero come ....

6.   segreto come una ....

7.   sano come un ....

8.   contento come una ....

9.   raro come una ....

10.   rosso come un ....

11.   fedele come un ....

12.   sordo come una ....

13.   chiaro come il ....

14.   cieco come una ....

15.   conosciuto come la ....

16.   stupido come una ....

17.   bianco come la ....

18.   lento come una ....

19.   testardo come un ....

20.   veloce come il ....

21.   pallido come un ....

22.   vecchio come il ....

23.   ignorante come una ....

24.   buono come il ....

25.   magro come uno ....

26. leggero come una ....

27. nero come il ....

28. muto come un ....

sole, bettonica, campana, talpa, stecco, Giobbe, cane, zanzara, tomba, verme, mosca bianca, fame, pulcino, gallina, fulmine, Pasqua, mulo, piuma, peperone, mondo, morto, scarpa, lumaca, pesce (2), carbone, neve

77. Trovare il contrario:

1. onesto   ....

2. fedele   ....

3. contento   ....

4. esistente   ....

5. sociale   ....

6. soddisfatto   ....

7. stabile   ....

8. capace   ....

9. comprensibile   ....

10. leggibile   ....

11. umano   ....

12. ordinato   ....

13. lecito   ....

14. attivo   ....

15. fortunato   ....

16. accollato   ....

17. attento   ....

78. Il denaro

1. Il .... apre tutte le porte.
2. Il padre di Marco guadagna un sacco di ....
3. Può darmi il .... di cinquanta euro?
4. I genitori di Angela nuotano nell'...................
5. Sono al ....
6. Questa macchina costa la .... di duecentomila euro.
7. Riusciamo a mala pena a sbarcare il ....
8. Trovo la vita molto cara. È un problema arrivare a ....
9. Noi .... mentre nostro figlio butta i .... dalla ....
10. Il .... non fa la .... (ma fa vivere tranquilli).
11. Mio nonno possiede una collezione di .... antiche.
12. Mi dispiace, non ho ....
13. Tenga pure il ....
14. Abbiamo speso un .... in libri.
15. Suo zio ha fatto soldi a ....
16. Circola molto ....
17. Pago sempre in ....
18. .... significa: spendere eccessivamente.

fine mese, finestra, denaro, felicità, moneta, spiccioli, soldi, resto (2), oro, denaro falso, verde, risparmiare, patrimonio, contanti, bellezza, scialacquare, lunario, palate

79. **Mettere un punto sotto la vocale tonica:**

accademia	metamorfosi	mollica
termostato	antonomasia	vagina
galassia	anice	il colera
polizza	la parentesi	il quesito
abbazia	antidoto	copia
aneddoto	colonia	prototipo
mogano	metano	lombrico
emicrania	edile	palpebra
orchidea	ombelico	olimpiadi
persuadere	Davide	Isaia
Ercole	Friuli	Cesena
Mantova	Pavia	Nuoro
Brindisi	Pesaro	Udine
Otranto	Lepanto	Fucino
Caorle	Modena	Lutero

80. **Come fa ...?**

1. L'asino fa   ....
2. La rana fa   ....
3. Il tacchino fa   ....
4. Il cane fa   ....
5. Il gallo fa   ....
6. Il gatto fa   ....

81. **Trovare il contrario:**

1. genitori ancora giovani   ....

2. l'aria pulita.   ....

3. il giorno seguente   ....

4. l'alta stagione   ....

5. un tempo semplice   ....

6. una spiaggia deserta   ....

7. un'espressione corrente   ....

8. un suffisso diminutivo   ....

9. debole in latino   ....

10. prodotti necessari   ....

11. una zona arretrata   ....

12. una lingua morta   ....

13. la lingua parlata   ....

14. un pullover marrone chiaro   ....

15. idee superate   ....

16. in senso figurato   ....

17. i comuni urbani   ....

18. un vulcano attivo   ....

19. negli anni precedenti   ....

20. una bella camera   ....

21. un lungo periodo   ....

22. una lingua moderna   ....

23. il potere spirituale   ....

24. la società contadina   ....

25. nel primo pomeriggio   ....

26.	una piacevole serata.	....
27.	il serbatoio pieno	....
28.	la minestra saporita	....
29.	un cielo nuvoloso	....
30.	occhi tristi	....

82. **"-durre"** (lat. ducere) **e famiglia**

1. Non riesco a .... questa frase.

2. Dove .... questa via?

3. Dobbiamo .... le spese.

4. Questa parola è .... in italiano.

5. Mi ha lanciato uno sguardo ....

6. Il ladro .... (pass. pross.) nella casa passando dalla terrazza.

7. L'arte della .... è un'arte difficile da padroneggiare.

8. Questi rimproveri .... (pass. pross.) il ministro a dare le dimissioni.

9. Secondo me, questa .... è troppo libera.

10. L'autore .... argomenti poco convincenti.

11. Molti giovani sono stati .... da false ideologie.

12. Era così ubriaco che non riusciva a .... la chiave nella serratura.

13. Ho saltato il capitolo ....

14. Nell'..................... l'autore spiega i motivi che l'hanno spinto a scrivere il libro.

15. C'è stata una forte .... del personale.

16. La nostra è un'impresa a .... familiare.

17. Questo libro è un'................... alla linguistica italiana.

18. La maestra si è lamentata della .... di nostro figlio.

19. Per studenti c'è la tariffa ....

20. Il ferro è un buon ....

conduzione, intraducibile, ridotto, seducente, introduzione (2), riduzione, introdurre, sedurre, condotta, introduttivo, addurre, seducente, indurre, tradurre, conduttore, introdursi, ridurre, traduzione, condurre, seduzione

83. *arci-, stra-, ultra-, iper-, super-*

1. una cucina ....moderna

2. un marsala ....vecchio

3. un bambino ....sensibile

4. una ragazza ....contenta

5. una valigia ....leggera

6. una dieta ....calorica

7. uno zio ....ricco

8. un cappotto ....leggero

9. una madre ....protettiva

10. un fenomeno ....noto

11. un orologio ....piatto

12. un'analisi ....critica

13. un bambino ....dotato

14. un uomo ....potente

15. la ....grande maggioranza

16. una forma ....corretta

17. la pasta ....cotta

84. Trovare il sostantivo (con l'articolo determinativo):

1. risparmiare   ....

2. condannare   ....

3. alloggiare   ....

4. privare   ....

5. inserire   ....

6. abbandonare   ....

7. sfruttare   ....

8. rapinare   ....

9. fondare   ....

10. trasferire   ....

11. rifugiarsi   ....

12. diffondere   ....

13. soffrire   ....

14. mantenere   ....

15. godere   ....

16. durare   ....

17. constatare   ....

18. aspettare   ....

19. insorgere   ....

20. acquistare   ....

21. insultare   ....

22.	padroneggiare	....
23.	arricchire	....
24.	trascurare	....
25.	contagiare	....
26.	interrogare	....
27.	borseggiare	....
28.	scippare	....
29.	imbrogliare	....
30.	percuotere	....

85. **Abbinare le espressioni della prima colonna a quelle della seconda colonna:**

1. comportarsi con grande cautela	a. andare col cavallo di S. Francesco
2. aiutare	b. andare a monte
3. spendere eccessivamente	c. tagliare la corda
4. canzonare	d. alzare il gomito
5. andare a piedi	e. gettare la spugna
6. alternarsi	f. andare coi piedi di piombo
7. svignarsela	g. prendere in giro
8. fallire	h. buttare i soldi dalla finestra
9. bere troppo	i. dare una mano
10. darsi per vinto	j. darsi il cambio

86. **Come si chiama la parte esterna?**

1. la .... del limone

2. il .... dell'uovo

3. la .... della patata

4. la .... del formaggio

5. la .... dell'albero

6. la .... del pane

7. la .... del libro

8. il .... di noce

9. la .... della banana

corteccia, copertina, crosta (2), scorza, guscio (2), buccia (2)

87. **Completare col verbo *sedere* e i suoi corradicali:**

1. L'hanno preso a calci nel ....

2. Vi prego di ....

3. Questo successo è negato a chi non .... un titolo di studio.

4. "Il mio" è un pronome ....

5. Gli Arabi .... (trap. pross.) in Sicilia.

6. Strasburgo è la .... del Parlamento   europeo.

7. Il detenuto era in .... di documenti falsi.

8. La riunione è stata aperta dal .... del Consiglio d'istituto.

9. Il ministro .... (pres.) i lavori della commissione.

10. Bastano le ....?

11. I .... posteriori erano tutti sporchi.

12. Il .... elettorale dei miei genitori si trova accanto alla chiesa.

13. In seguito a un infortunio sul lavoro il mio amico è confinato su una .... a rotelle.

14. Il bambino mangia la sua pappa seduto su un ....

15. È finita la ....?

16. I socialisti hanno perso cinque .... in parlamento.

17. Come si chiama il .... del vostro liceo?

18. Sua moglie ha un carattere ....

19. Abbiamo noleggiato due .... a sdraio.

seggio (2), presiedere, sedia (3), possesso, sedere, seggiolone, sede, insediarsi, preside, presidente, sedersi, possedere, possessivo (2), seduta, sedile

88. Trovare il sostantivo (con l'articolo determinativo):

1. certo ....

2. solidale ....

3. austero ....

4. nobile ....

5. arretrato ....

6. feudale ....

7. esasperato ....

8. ostile ....

9. chiaro ....

10. solo ....

11.	inquieto	....
12.	sicuro	....
13.	malizioso	....
14.	fermo	....
15.	simultaneo	....
16.	puro	....
17.	gravida	....
18.	grato	....
19.	riconoscente	....
20.	disponibile	....
21.	esatto	....
22.	pulito	....
23.	sporco	....
24.	sfrontato	....
25.	cattolico	....

89. Rapporti:

1. Dopo cinque anni di convivenza (loro) .... (pass. pross.)

2. Siamo in buoni .... con i nostri vicini.

3. Non so perché Mario ha .... da sua moglie.

4. Vado molto d'.................... con mia sorella.

5. Il nostro capo ha una .... con la sua segreta-ria.

6. Tra di noi è ....

7. Erano molti amici ma poi .... (pass. pross.)

8.   I due fidanzati .... (pass. pross.), ma poco
     dopo ....

9.   Angelo ha chiesto .... a sua moglie.

10. Francesca .... (pass. pross.) il marito perché
     le era ....

11. Tra moglie e marito non mettere il ....

12. Sua moglie gli ha .... tutte le sue
     ....

13. I due vivono d'.................... e d'...................

14. Dopo il .... hanno fatto subito pace

15. Facciamo l'.................... abbastanza spesso.

16. Silvio mi legge ogni mio .... negli
     ....

17. Mio marito aiuta in ....

18. Maria e Marco hanno una ....

19. Ci .... come il primo giorno.

20. È da tre anni che Francesco .... la moglie.

21. Prima eravamo .... d'affari, ma adesso
     siamo ....

22. Ogni rapporto ha degli .... e ....

separarsi, litigare, rapporto, divorziare, litigio, rompere, accordo (2),
scappatella, relazione (2), lasciare, perdonare, finire, riconciliarsi,
rivale, perdono, amare, occhio, amoroso, dito, casa, infedele, so-
cio, alto, amore, tradire, basso, desiderio

90. Attenzione ai falsi amici!

1. un medico .... (praktisch)
2. un problema .... (akut)
3. una faccenda .... (diffizil)
4. un uomo .... (gemacht)
5. una frase .... (prägnant)
6. un comportamento .... (konsequent)
7. un operaio .... (gelernt)
8. una pulizia .... (penibel)
9. il trattamento .... (stationär)
10. un'espressione .... (ordinär)
11. un'offerta .... (seriös)

91. Aggiungere il suffisso adatto:

1. un fiume molto piccolo ....
2. una casa piccola e modesta ....
3. un piccolo paese ....
4. un piccolo giardino ....
5. un piccolo cane ....
6. Che profumo gradevole! ....
7. Che brutto tempo! ....
8. un piccolo uomo ....
9. un piccolo pesce ....
10. un piccolo camion ....
11. tagliare a strisce ....
12. tagliare a dadi ....

13.	tagliare a cub	....
14.	un medico di scarso valore	....
15.	un piccolo cuore	....
16.	un pessimo poeta	....
17.	un piccolo animale	....
18.	un piccolo posto	....

92.   Trovare il sostantivo (con l'articolo determinativo):

1.	intasare	....
2.	prenotare	....
3.	pernottare	....
4.	accedere	....
5.	contribuire	....
6.	divorziare	....
7.	mancare	....
8.	risarcire	....
9.	incaricare	....
10.	rimediare	....
11.	tentare	....
12.	giudicare	....
13.	pronunciare	....
14.	appartenere	....
15.	reprimere	....
16.	uccidere	....
17.	gestire	....
18.	intraprendere	....

19.	temere	....
20.	impegnarsi	....
21.	spaventare	....
22.	sciogliere	....
23.	disprezzare	....
24.	coincidere	....
25.	ereditare	....
26.	assassinare	....

93. Prodotti dell'orto. Aggiungere le lettere mancanti:

1.	il sed............	2.	la car............
3.	il fin............	4.	la melan............
5.	il rav............	6.	la pa............
7.	il carc............	8.	la ci............
9.	il por............	10.	la ra............
11.	lo zuc............	12.	gli spin............
13.	i pis............	14.	il cav............
15.	la barb............	16.	il ba............
17.	i cec............	18.	il prez............
19.	la sal............	20.	i fag............
21.	la mag............	22.	l'ori............
23.	il ros............	24.	il ti............
25.	l'all............	26.	l'ag............
27.	le ol............ cip............	28.	l'erb............
29.	il pomo............	30.	la zuc............

31.	le fa............	32.	il cet............
33	l'in............	34.	il peper............
35.	il coco............	36.	la ruc............
37.	il raf............	38.	l'indi............

94. Come si dice?

1. un .... di studenti
2. una .... di operai
3. una .... di falsari
4. un .... di gente
5. uno .... di api
6. un .... di pecore
7. un .... di cinghiali
8. una .... di visitatori
9. uno .... di uccelli
10. una .... di buoi
11. uno .... di bambini

sciame, stormo, banda, gregge, mandria, branco, squadra, schiera, mucchio, stuolo, gruppo

95. Il telefono

1. (Io) ....a mia sorella due volte alla settimana.
2. In quel momento .... (pass. rem.) il telefono.
3. Signor Rossi, La desiderano al ....
4. Ha .... senza dire niente.
5. Potrebbe .... più tardi?

6   Devo fare una ....

7. Non sono riuscito a ....lo per ....

8. Il .... ce l'ho sempre con me.

9. È da mezz'ora che provo a .... Angelo, ma è sempre ....

10. Il nostro telefono è ....

11. Ho lasciato un messaggio sulla .... telefonica.

12. Può chiamarmi .... questo numero

13. Scusi, ho .... numero

14. È .... la linea

15. La cornetta del telefono era ....

16. Mi squilla il ....

17. Resti in....................!

18. Può mandarmi l'offerta per ....

19. Suppongo che le sue telefonate vengano ....

20. Può parlare più ....? La sento male.

21. Lasciate un messaggio dopo il .... acustico.

22. Dalla Germania il .... per l'Italia è 0039.

23. Ho lasciato .... a lungo, ma non ha .... nessuno.

24. Pronto? Attenda un attimo, Le .... il signor Grassi.

25. Dal bosco non ti potevo ...., non c'era ....

26. Devo comprare una .... telefonica.

27. Sono .... (telefonicamente) al numero ...

28. Ti prego, non ....!

29. Se non sai il numero, guarda l'....................

30. Posso .... il Suo ....

31. Mi puoi .... tu, mi sta finendo la ....

elenco telefonico, riattaccare, reperibile, scheda, chiamare (3), occupato, passare, squillare (2), rispondere, prefisso, segnale, fax, linea, staccare, cadere, sbagliare, segreteria, guasto, cellulare/ telefonino (2), rintracciar, telefono (3), telefonata, richiamare, riagganciare/ riattaccare/ riappendere/ mettere giù, intercettare, telefonare, usare, ricarica, campo, forte

96. Trovare il contrario:

1. Ho incartato// .... il regalo

2. Ho attivato// .... l'allarme.

3. Il sole era appena sorto// ....

4. Qui sto a mio agio// ....

5. Mio zio è molto generoso// ....

6. Mise il denaro in tasca// ....

7. Mi ha detto la verità// ....

8. Rifletté brevemente// ....

9. Si mise// .... il cappotto.

10. Il preside annuì// ....

11. Mia madre alzò// .... il ricevitore.

12. Aiutami ad entrare// ....

13. Accese// .... la lampada.

14. Ho continuato// .... il viaggio.

15. Accettò// .... l'invito.

16. Ascoltano annoiati// ....

17. Si tratta di un neologismo//

18. È un uomo piccolo// .... e grasso// ....

19. Corse nella stessa direzione//...........................

20. La domanda aumenta// ....

21. Il vetro è trasparente// ....

22. L'ha fatto involontariamente// ....

23. La gonna mi sta stretta// ....

24. La maestra l'ha lodato// ....

25. Stava in cima// .... alla scala.

26. I nostri posti si trovano nel vagone in testa//
.... al treno.

27. Ernesto è un alunno diligente// ....

97. Trovare la preposizione adatta:

1. .... le mie insistenze, Mario non è venuto alla festa.

2. .... il maltempo la partita è stata annullata.

3. Non ho niente .... contrario.

4. Ho conosciuto mia moglie .... una mia zia.

5. Il cuoco taglia la cipolla .... la mezzaluna.

6. .... mio fratello, tutti vengono al mare.

7. Mio marito ha problemi .... lavoro.

8. Questa gonna va bene .... lunghezza.

9. Quest'anno Natale cade .... mercoledì.

10. La notte .... venerdì e sabato c'è stato un furto.

11. .... il caldo riesco a dormire.

12. La ragazza .... occhi verdi è sicuramente sua figlia.

13. È una casa .... cinque piani.

14. L'ho visto qualche mese ....

15. Il suo nome è .... tutti i giornali.

16. Il fuggitivo si guardò .... spalle.

17. Faccio .... serio!

18. .... punta di piedi scesero gli ultimi gradini.

19. Questo delinquente non si ferma .... niente.

20. Il ragazzo si strinse .... spalle.

21. Questo dizionario c'è anche .... CD-Rom.

22. La mia salute non è .... migliori.

23. Questa azienda è specializzata .... riparare i cellulari.

98. Tradurre: werden

1. Es ist zur Gewohnheit geworden.
....

2. Ich bin mit 18 schwanger geworden.
....

3. Was willst du einmal werden?
....

4. Ich werde allmählich hungrig.
....

5. Daraus wird nichts werden.
....

6. Ich werde langsam alt.
....

7. Bist du verrückt geworden?
....

8. Gestern bin ich 20 geworden.

....

9. Er ist krank geworden.

....

10. Was ist aus Cinzia geworden?

....

11. Mein Vater ist vor einem Monat arbeitslos geworden.

....

12. Warum ist sie böse geworden?

....

13. Ich hoffe, dass du bald wieder gesund wirst.

....

14. Mein Bruder ist zum zweiten Mal Vater geworden.

....

15. Das Foto ist nichts geworden.

....

16. Es wird Sommer.

....

17. Aus diesem Jungen wird noch was werden.

....

18. Es ist spät geworden.

....

19. Aus diesem Fest wird nichts.

....

20. Du bist aber groß geworden!

....

21. Mir ist schlecht geworden.

....

99. **Insetti**

1. Conosci un buon rimedio contro le punture di ....?

2. Sotto il tetto c'è un nido di ....

3. Il medico scolastico ci ha controllato i capelli per vedere che non avessimo i ....

4. Gli hanno messo la .... nell'orecchio.

5. Le .... hanno distrutto tutto il raccolto.

6. Nostro figlio mangia come una ....

7. La .... emette un odore sgradevole e si nutre del sangue di uomini ed animali.

8. Anna è una brava ragazza, senza tanti .... per la testa.

9. La .... tse-tse trasmette all'uomo la malattia del sonno.

10. I .... sono dannosi per le coltivazioni perché mangiano le gemme delle piante.

11. Il tessuto era mangiato dalle ....

12. Nelle notti d'estate si vedono le luci delle ....

13. Le .... in volo assomigliano a piccoli elicotteri.

14. Nella vecchia cantina abbiamo scoperto numerosi ....

15. "..................." è anche sinonimo di prostituta.

16. Non fare d'una .... un elefante.

17. Si dice che le .... portino fortuna.

maggiolino, mosca (2), cimice, vespa, pidocchio, lucciola (2), zanzara, cavalletta, formica, grillo, coccinella, libellula, scarafaggio, tarma, pulce

100. Tradurre: haben

1. Hattet ihr eine gute Reise?

    ....

2. Wann hast du Geburtstag?

    ....

3. Heute Nacht habe ich einen sehr seltsamen Traum gehabt.

   ....

4. Heute haben wir den 18. Juni.

   ....

5. Ich hätte gern zwei Kilo Tomaten.

   ....

6. Ich habe es im Hals.

   ....

7. Heute haben wir schlechtes Wetter.

   ....

8. Ich habe dich lieb.

   ....

9. Wir haben eine Panne.

   ....

10. Ich habe Ferien.

    ....

11. Das haben wir noch nicht gehabt. (Unterricht)

    ....

12. Diese Übersetzung hat es in sich.

    ....

13. Was habe ich davon?

    ....

14. Du hast es gut!

    ....

15. Und damit hat sich's.

....

16. Dieses Buch ist in allen Buchhandlungen zu haben.

....

17. Den wievielten haben wir heute?

....

18. Jetzt hab' ich's!

....

101. Completare con un nome proprio:

1. Tanto paga sempre ....

2. .... non ripete.

3. .... è la domestica di un sacerdote, di solito avanti con gli anni e facile alle chiacchiere.

4. Il loro figlio ne fa più di ....

5. "Catena di Sant'.................... è il nome dato a quelle serie di lettere spesso anonime, che invitano il ricevente a inviare a sua volta ad altri indirizzi la missiva originaria, dopo aver svolto alcune azioni, in genere recitare preghiere o versare somme di denaro.

6. Il marito di Annalisa ha la pazienza di ....

7. Il fidanzato di Maria non è proprio un ....

8. Adagio, ...!

9. Domani ricomincia la scuola, è finita la ....

10. Il .... è un particolare tipo di fiammifero senza fosoforo che va sfregato su una superficie di fosoforo rosso e polvere vetrata.

11. Ci siamo andati col cavallo di . ...

12. Mi hanno mandato da .... a ....

13. Se verrai a Firenze ti farò da ....

14. Mi sono ferito il tendine d'..................... giocando a calcio.

15. L'estate di .... è un periodo mite in autunno con assenza di precipitazioni.

16. Come si dice *einen Silberblick haben* in italiano? – Avere il vezzo/ lo strabismo di ....

17. Il Bayern ha segnato in zona ....

18. La .... è un collare di immobilizzazione usato per bloccare testa, collo e torace nei casi di fratture o lussazioni alle vertebre cervicali.

Bertoldo, Giobbe, Perpetua, Paganini, San Martino, Biagio, Venere, San Francesco, cicerone, Adone, Agostino, Pantalone, cuccagna, minerva (2), Cesarini, Erode, Pilato, Achille

102. Cose da non fare a tavola:

1. .... rumorosamente sulla zuppa

2. parlare con la ....

3. ....si il naso, senza scostarsi lateralmente

4. mettere le .... in bocca per ripulirle di cibo

5. .... la minestra col ....

6. .... le dita

7. .... il telefonino

8. .... il cibo sulla forchetta con la mano anziché con il coltello

bocca piena, dita, soffiare (2), aspirare, leccarsi, raccogliere, guardare, risucchio

103. **Completare col verbo *vedere* e i suoi corradicali:**

1. Dalla nostra camera abbiamo una bellissima
    .... sul mare.

2. Per andare in Australia è necessario il ....

    .... sul passaporto.

3. Noi .... (fut.) ai cibi, loro alle bevande.

4. Questo non lo potevamo ....

5. Silvio è un ragazzo ....

6. A Lourdes una pastorella ebbe la .... della Madonna.

7. Si tratta di una ....

8. Abbiamo comprato un nuovo ....

9. "...................." è sinonimo di "accorgersi"

10. (Io) non .... l'ora di tornare a casa.

11. Il Governo ha preso dei .... per combattere la disoccupazione.

12. ....La!

13. Mi serve un dizionario ....

14. "Oggi" è una .... italiana.

15. Come si dice "Fernsehgebühren" in italiano? – canone ....

16. Devo portare la macchina alla ....

17. terza edizione .... e aumentata

18. Che cosa c'è alla .... stasera?

19. Il futuro non si può ....

20. La pioggia è stata una .... per il raccolto.

21. Quali sono le .... meteorologiche per domani?

22. Tutti gli studenti erano .... di un portatile.

23. .... che sei qui, potresti darci una mano.

24. Questo è solo un impiego ....

25. Questo dispositivo aiuta i non .... a muoversi in autonomia.

26. Michele è un ragazzo serio e ....

27. Speriamo di ....vi l'anno prossimo.

28. Le .... sono esaurite.

29. Il tuo aiuto è stato ....

30. Questo risultato non era ....

31. Ho speso più del ....

32. Quella sera Angela indossava un vestito molto ....

33. Se stai lì, mi togli la ....

rivista, provvisorio, vedente, riveduto, televisivo, provvidenza, visuale (2), svista, visto (2), provvista, visione, prevedere (2), provvedimento, vista, televisore, previsione, avvedersi, prevedibile, rivedere (2), avveduto, revisione, imprevedibile, provvisto, televisione, previsto, vistoso, provvidenziale, vedere, provvedere

104. Problemi di tutti i giorni

1. Il rubinetto ....

2. La batteria dell'auto è ....

3. Il bagno è ....

4. La macchina da caffè è andata in ....

5. La lavatrice è ....

6. Il tubo di scarico è ....

7. Ho .... la testa contro la porta.

8. Ho .... i miei occhiali.

9. Mi è .... un bottone.

10. Anna si è .... il vestito.

11. Sono .... su una buccia di banana.

12. Mia moglie è .... in un cavo.

13. Sbucciando le patate, la mamma si è .... un dito.

14. Lavando i vetri, la colf è .... dalla scala.

15. Il latte è ....

16. Il vassoio mi è .... dalle mani.

17. Accidenti, ho .... il bicchiere.

scarico, tagliare, battere, cortocircuito, intasato, perdere/ goccio-
lare, inciampare, traboccare, guasto, partire/ saltare, cadere (2),
smarrire, rovesciare, sbrodolare, allagato, scivolare

105. Edifici. Aggiungere le lettere mancanti:

1.	l'al....................	2.	la sin....................
3.	il ci....................	4.	il mu....................
5.	lo st....................	6.	il sup....................
7.	la sc....................	8.	il te....................
9.	il ne....................	10.	l'os....................
11.	il ri....................	12.	la bi....................
13.	l'as....................	14.	l'ed....................
15.	la ca....................	16.	il tem....................
17.	la pa....................	18.	il pa....................
19.	l'ar....................	20.	il ga....................

21.	la fa...................	22.	il ba....................
23.	la di....................	24.	il mun...................
25.	il com...................	26.	l'of....................
27.	la cap..................	28.	l'anf...................
29.	il cast..................	30.	il con..................
31.	la pr...................	32.	l'op...................

106. Trovare il sostantivo (con l'articolo determinativo):

1.	pulire	....
2.	riposare	....
3.	qualificare	....
4.	sfruttare	....
5.	convivere	....
6.	approvare	....
7.	convertire	....
8.	richiedere	....
9.	partecipare	....
10.	confermare	....
11.	giudicare	....
12.	scambiare	....
13.	gestire	....
14.	obbligare	....
15.	escludere	....
16.	emarginare	....

107. Elettrodomestici

1. Il .... è un apparecchio elettrico che serve a frullare vari alimenti.

2. La .... è una macchina per il lavaggio automatico di indumenti.

3. Metti i piatti sporchi nella .... , per favore.

4. L'.................... serve ad asciugare la biancheria dopo il lavaggio.

5. Mi servo del.................... per tritare la carne.

6. Il fon è sinonimo di ....

7. Devo passare l'.................... sul tappeto.

8. Uso la .... per lucidare il pavimento.

9. Posso prendere un gelato in ....?

10. Scalderò le lasagne al ....

11. La mia prossima .... sarà ad induzione.

108. Trovare il sostantivo (con l'articolo determinativo):

1. sbarcare   ....

2. tutelare   ....

3. risparmiare   ....

4. sprecare   ....

5. rincrescere   ....

6. tagliare   ....

7. acquistare   ....

8. splendere   ....

9. rivelare   ....

10.	spacciare	....
11.	riuscire	....
12.	accarezzare	....
13.	scindere	....
14.	crescere	....
15.	sacrificare	....
16.	aggiungere	....
17.	sbadigliare	....
18.	ringraziare	....
19.	sfociare	....
20.	atterrare	....
21.	stentare	....
22.	allevare	....
23.	riprendere	....
24.	sperperare	....
25.	adottare	....
26.	spostare	....
27.	disturbare	....
28.	percorrere	....
29.	maledire	....
30.	sciogliere	....
31.	replicare	....
32.	perdere	....
33.	pentirsi	....
34.	agevolare	....

109. Non ha senso …

1. portare .... a Samo

2. voler .... le gambe ai cani

3. lavare la .... all'asino

4. pestare l'acqua nel ....

5. voler fare la .... senza rompere le uova

6. mettersi a pettinare un ....

7. portare acqua al ....

Soluzioni

1. avvicinatevi/ vi avvicinate 2. (ac)contentare 3. si era allontanata 4. realizzati 5. irrobustisce 6. indebolito/a 7. rafforzato 8. ingrandire 9. dimagrire 10. ingrassato/a 11. invecchiato/a 12. impazzire 13. intimidir 14. annoia 15. ammala 16. abbassato 17. sporcato/a 18. accomodi 19. abbreviare 20. è migliorata 21. impallidì 22. si è aggravata 23. allungare 24. rinfrescare 25. (ri)scaldato 26. accorciato 27. inumidisci 28. stringe 29. alleggerire 30. riempire 31. appianare

2. 1. se ne andasse 2. deserta 3. torto 4. rumoroso 5. ceduto 6. falliti 7. inattivo/ spento 8. sterile 9. lontane dall' 10. buonumore 11. tolse dalla 12. una bugia 13. vinto 14. Scendemmo 15. in anticipo bzw puntuale/ puntuali/ puntualmente/ in orario 16. peggiorarono 17. in periferia 18. di odio 19. abbassò 20. addormentato

3. 1. estive 2. piovosa 3. notturne 4. frettolosi 5. sorridente 6. invidiosa 7. primaverile 8. rischiosa 9. spinoso 10. scolastico 11. pittoresco 12. scientifiche 13. territoriali 14. montuosa 15. statale 16. artistico 17. eccezionale 18. splendida 19. annuale 20. euforico 21. appassionato 22. addominali 23. afoso 24. circolatori 25. stupendo

4. 1. vieni 2. andati 3. venire 4. vanno 5. venire 6. vengo 7. arriva 8. arrivato 9. vanno 10. arrivato 11. vanno 12. arriva 13. arriva 14. venir 15. andar 16. arrivare 17. viene 18. venga 19. andati 20. venuta 21. va 22. arriva 23. arriva 24. viene 25. andato/a

5. 1. antica 2. slava, germanica, romanza 3. portato 4. Me la cavo 5. correntemente 6. iscrivermi 7. frequento, principianti, frequenta, 8. scioglilingua 9. poliglotta 10. figurato 11. bilingue 12. tronche, piane, sdrucciole, bisdrucciole 13. finisco/ escono, femminili 14. aperta 15. chiusa 16. brevi 17. disuso 18. origine 19. proviene 20. arcaismo 21. osso 22. corrispondente 23. concessiva 24. discorso 25. significa 26. intraducibile 27. sillabe 28. dialetti 29. arcaica, conservativa 27. tonico 28. prefisso, suffisso

6. 1. il tradimento 2. la garanzia 3. il furto 4. il divieto 5. il licenziamento 6. il miglioramento 7. il rimprovero 8. l'orientamento 9. la protesta 10. la scomparsa 11. lo svenimento 12. la tosse 13. l'abbandono 14. lo stupore 15. l'obbligo 16. il fischio 17. la pronuncia 18. la custodia 19. l'abitudine

20. la lettura 21. L'esigenza 22. l'ordine bzw. l'ordinazione 23. il rientro 24. il sospiro 25. la scommessa 26. l'inizio/ il principio 27. lo sparo 28. l'inganno 29. il collegamento 30. l'emarginazione 31. l'iniezione

7. 1. lavorativi 2. preparatorio 3. introduttivo 4. distruttiva 5. iniziali 6. digestivi 7. piovosa 8. traducibile 9. ridicolo 10. progressista 11. seducente 12. noioso 13. pensierosa 14. influente 15. interrogativa 16. superabile 17. velenoso 18. estinto 19. curato 20. valido 21. unita 22. ubbidiente 23. costose 24. udibile 25. visibile 26. scorsa 27. opposta 28. bollente 29. disponibile 30. credibile

8. 1. aggredire 2. annoiare 3. inginocchiarsi 4. indebolire 5. incuriosire (neugierig machen)/ curiosare (herumschnüffeln) 6. diffondere 7. ridurre 8. deludere 9. proteggere 10. rivaleggiare 11. iscrivere 12. promuovere 13. spingere 14. affascinare 15. sconfiggere 16. interrompere 17. ammalarsi 18. danneggiare 19. simboleggiare 20. scegliere 21. sostenere 22. immergere 23. indagare 24. stringere

9. 1. agevolare 2. Facevano finta 3. Giungemmo 4. rimanessi 5. avveduto, salvo/ eccetto 6. indossava 7. si sdraia/ va a letto 8. pazzo 9. qualsiasi 10. criminosa/ delinquenziale/ a delinquere 11. si distingue 12. Occorrono 13. di maiale 14. Entrambi/ Ambedue 15. si serve 16. clandestini 17. risalto/ evidenza 18. Frequentemente 19. Si deve

10. 1. competitivi 2. dannoso 3. difensiva 4. secolare 5. governativi 6. distruttivo 7. insulare 8. catastrofica 9. costoso 10. disastroso 11. ambientale 12. invernali 13. collinare/ collinosa 14. montuosa 15. piane/ pianeggianti 16. paludosa 17. favorevole 18. periferico 19. mensile 20. poliziesco 21. organizzativi 22. eccitante 23. liceale 24. preziosa

11. 1. l'incombenza 2. Ambedue/ Tutt'e due, causarono 3. pareva 4 convinsero 5. adeguarsi 6. Avevo difficoltà 7. abbandonare 8. carcere/ galera 9. proviene/ deriva 10. Cresce 11. contribuiscono 12. farmi 13. afferrò/ agguantò 14. immischiarti 15. ingannare/ imbrogliare 16. ce l'hai fatta 17. Ci vuole/ Bisogna avere 18. Mi serve un 19. sparì

12. 1. la gelosia 2. la costrizione 3. la chiarezza 4. la supplica 5. la goffaggine 6. l'ingenuità 7. la distrazione 8. la nudità 9. la percossa 10. la menzogna/ bugia 11. la spavalderia 12. la vendita 13. lo sguardo 14. la volontà 15. la nascita 16. il nascondiglio 17. la compera 18. la promessa 19. il rapimento 20. la fuga 21. la brevità 22. l'elenco 23. la lontananza 24. l'ascolto 25. la scultura

13. 1. sparecchiare 2. ingrassato 3. rifiutato 4. prima dei 5. arrossì 6. raramente/ di rado 7. inferiore 8. Spensi 9. leggero 10. calo 11. calo/ continua diminuzione 12. altruismo 13. va male 14 avvicinati alla 15. assunti/ impiegati 16. va male 17.diligente/ studioso 18. tornato dalla 19. indulgente/ comprensivo 20. distratto 21. d'arrivo 22. maggioranza 23. l'uscita 24. mittente 25. mortalità 26. il coraggio 27. commedia 28. d'affari 29. con (la) carta di credito/ un assegno 30. sconfitta 31. velenosi 32. non è potabile 33. atipico 34. indietro

14. 1. progredire 2. avvelenare 3. esercitare 4. illudere 5. evadere 6. possedere 7. intimidire 8. schiaffeggiare 9. sanguinare 10. perseguitare 11. affrettare 12. aderire 13. cuocere 14. commuovere 15. disporre 16. dubitare 17. pazientare

15. 1. manuale 2. imprenditoriale 3. migratorio 4. romagnola 5. peninsulare 6. bisognosa 7. ospedaliere 8. fragoroso 9. affettuoso 10. pubblicitario 11. minatoria 12. televisivi 13. fiducioso 14. colpevole 15. spettacolare 16. generazionale 17. piacevole 18. comunicativa 19. ipocrita 20. delinquenziale 21. allarmante 22. momentaneo 23. paurosa 24. avventuroso 25. sindacale 26. faticosa 27. puzzolente 28. azionario

16. 1. oppressione, libertà 2. insurrezioni, volontà 3. intimidazioni 4. soluzione 5. pressione, incontro, sollievo, sofferenze 6. calo 7. intervento 8. isolamento 9. investimenti 10. distruzione 11. protezione, difesa 12. conclusione 13. costo 14. desiderio 15. tentativo 16. conoscenza 17. sottomissione, rifiuto 18. protezione, pagamento 19. provenienza 20. calo, nascite, allungamento, invecchiamento 21. violazione

17. 1. cardiache 2. epatica 3. ippico 4. cerebrale 5. bellici 6. floreale 7. digitali 8. ecclesiastici 9. celeste 10. ridicola 11. evangelico 12. capillari 13. ludiche 14. corporali 15. domestiche 16. campestre 17. siderurgica 18. contrattuali 19. fluviale 20. maschile 21. femminile 22. pavimentale 23. balneari 24. venatoria 25. cutanea 26. equina 27. nuziale 28. glaciale 29. pomeridiano 30. idrico 31. caseario 32. ittico

18. 1. posteriore 2. superiore 3. esterna 4. estroverso 5. minori 6. negli ultimi 7. peggiore 8. orientale 9. eterogeneo 10. settentrionale 11. sleale

12. disonesta 13. indulgente/ permissivo 14. stretto 15. basso 16. noioso 17. pigro 18. sgradevole 19. sporco 20. morbido/ soffice 21. dispari 22. ruvida 23. retta 24. artificiali

19. 1. il crollo/ tramonto 2. scapito 3. continuo aumento/ continua crescita 4. catastrofi 5. tutela/ salvaguardia/ protezione 6. il motivo 7. delitti 8. Meridione/ nell'Italia meridionale/ nell'Italia del Sud/ nel Sud(-)Italia 9. stupefacenti 10. terremoto 11. Gli introiti ... diminuiti 12. il calo/ la diminuzione/ il decremento delle nascite 13. vigili del fuoco 14. in/ nei particolari

20. 1. acque 2. olio 3. brodo 4. vino 5. Acqua 6. sangue 7. birra 8. miele 9. argento vivo 10. brodo 11. sangue 12. acquolina 13. succo 14. latte 15. olio, aceto 16. grappa 17. latte 18. acqua 19. zuppa 20. pozzanghera 21. salsa 22. sugo 23. liquido

21. 1. tre 2. due 3. sette 4. due 5. ventiquattro/ ventiquattrore 6. sette 7. quarantotto 8. ventiquattro, ventiquattro 9. due/ quattro 10. due 11. zero

22. 1. facoltativo 2. esaminatrice 3. infedele 4. fertile 5. generazionale 6. feriale 7. belligeranti 8. disubbidiente

23. 1. Volgere/ Volgete 2. rivolgersi 3. sconvolse 4. travolti 5. si è capovolta 6. avvolgere 7. coinvolti 8. rivolta 9. si è evoluta 10. rivoluzione 11. evoluzione 12. evolutivo 13. svolto 14. svolgimento 15. svolta 16. avvolgibili 17. coinvolgere 18. volge 19. svoltare

24. 1. alcolismo 2. gomito 3. ubriachi 4. cirrosi 5. beve, goccia 6. disintossicante 7. ubriacare 8. alcolista 9. ubriaca 10. alcolica 11. bere 12. sbornia 13. alticcia 14. ebbrezza

25. 1. nei confronti dello 2. salvo/ eccetto 3. nonostante 4. Anziché 5. In confronto a 6. al fine/ allo scopo di 7. priva di 8. salvo/ eccetto/ fuorché 9. sui 10. tramite/ mediante

26. 1. si immette 2. smettere 3. ho messo 4. dimettersi 5. intromettermi 6. mittente 7. missili 8. promessa 9. trasmissione 10. trasmessa 11. emissione 12. compromette 13. emettere 14. ammessi 15. premessa 16. rimessa 17. commesso 18. commessa 19. trasmessa 20. scommetto 21.

messa 22. scommessa 23. dimesso 24. si è rimesso 25. premettere 26. promesso 27. ammesso

27. 1. Stento/ Ho difficoltà 2. accadde, si stabilirono/ si insediarono 3. adeguato 4. Ci ho messo ... a/ per 5. si diffuse 6. è migliorata 7. Occorre 8. servirvi del/ adoperare/ utilizzare il d. 9. comporta 10. guidato 11. compiuto/ consumato/ perpetrato 12. trascorso 13. suicidarsi/ togliersi la vita 14. dev'essere 15. combattere 16. conosceva 17. sequestrato, ammazzato 18. Tentò di/ Provò a 19. Avevano intenzione di/ Intendevano tornare 20. chieder 21. avevano da 22. permesso

28. 1. in ritardo 2. nella periferia 3. secca 4. all'ombra 5. all'inizio 6. apposta/ intenzionalmente/ deliberatamente/ di proposito 9. ai piedi del 10. fuori casa/ in trasferta 11. stitichezza 12. di convenienza 13. volentieri 14. per scherzo

29. 1. insolubile/ irrisolvibile 2. irrealizzabile 3. irraggiungibile 4. inspiegabile/ inesplicabile 5. invisibile 6. invincibile 7. illeggibile 8. imperdonabile 9. inamovibile 10. insuperabili 11. inguaribile/ incurabile 12. incomprensibile 13. intraducibile 14. inappagabili

30. 1. di difficile lettura 2. di difficile smercio 3. di facile comprensione 4. di facile esecuzione

31. 1. imporre 2. imposta 3. imporsi 4. deposto 5. composto 6. riposto 7. ripostiglio 8. si contrappongono 9. propone, dispone 10. proposta 11. proposito 12. esposti 13. disponibile 14. esposizione 15. sottoporre 16. disposizione 17. disposti 18. esponenti 19. disponibilità 20. ricomporre 21. opposero 22. opposizione 23. si opposero 24. opposta 25. prepone 26. preposizioni 27. proposizione 28. posizione 29. imponente 30. imposte 31. posporre 32. depositare 33. frapporre 34. deposito 35. deposizione 36. si deposita 37. si ripropongono 38. opposte 39. suppongo 40. posto 41. posizione 42. pongono 43. compositore 44. apposito 45. dispositivo

32. 1. ferro 2. piombo 3. oro 4. ferro 5. bronzo 6. ferro 7. oro 8. argento 9. rame 10. alluminio 11. peltro

33. 1. in discesa/ salita 2. in rapida trasformazione 3. in continua evoluzione 4. in via di estinzione 5. in continuo aumento

34. 1. piovosa 2. Piovigginare 3. piove 4. dirotto 5. piogge 6. piovana 7. pluviale, 8. ombrello, piovendo 9. bagnato 10. smesso 11. pozzanghera 12. acquazzone/ nubifragio 13. pioggia 14. arcobaleno 15.pioggia 16. pioggia 17. pioggerella 18. Viene giù 19. sotto

35. 1. affidato 2. fedele 3. confidato 4. fedeltà 5. fede 6. confidenza 7. confidenziale 8. fede 9.mi fido 10. fiducia 11. fidata 12. fiducioso 13. diffida 14. fiducia 15. sfida 16. diffidente 17. sfidò

36. 1. Iniziò/ Si mise 2. Seguitò 3. Ci vogliono 4. consente 5. proseguire 6. Si deve 7. successo/ accaduto 8. iniziarono 9. mutato 10. ce l'ho fatta 11. ho impiegato 12. licenziato 13. rappresenta 14. rientrati 15. adoperare/ utilizzare/ servirsi del d. 16. provato a

37. 1. Spalte: orientamento, invito, caviale, vegetariano, asiatici, narcisismo, commento, regata, inventario, cronaca, intrigo, camomilla, fisioterapista, tiranneggiare, acclimatarsi; 2. Spalte: riparazione, investimento, libellula, scheletro, simulatore, intervento, minareto, autografo, vangelo, finanziario, chitarra, solidale, catalogare, realizzare, simboleggiare; 3. Spalte: speculatore, massiccio, gratifica, erotismo, isolamento, tragicità, pillola, Bibbia, introverso, fotogenico, importatore, produttore, mobilitare, criticare, rivaleggiare

38. 1. vasca 2. scatola 3. pacchetti 4. tasca 5. bottiglie 6. cassonetti 7. serbatoio 8. valigie/ valige 9. cassaforte 10. bagagliaio 11. bombola 12. astuccio 13. gerla 14. guscio 15. gabbia 16. botte 17. pentola 18.tazza 19. portacenere 20. sacco 21. Pattumiera 22.lattina 23. portafoglio 24. bicchieri 25. zaino 26. sacchetto 27. fiasco 28. oliera 29. damigiana 30. fiasco 31. cassetta 32. scatole 33. cassetto 34. cassapanca 35. tabernacolo 36. padella 37. urna 38. cartella 39. cestino 40. borsa 41. marsupio 42. cassetta 43. borsello 44. cofanetto 45. brocca/ caraffa 46. salvadanaio 47. sacco 48. Portaombrelli 49. barattoli 50. vaso 51. paiolo 52. fodera 53. fondina 54. boccetta

39. 1. imprenditore 2. calzolaio 3. alberghiere 4. portalettere/ postino 5. dermatologo 6. professore 7. maestra 8. idraulico 9. istruttore 10. spazzacamino 11. monaco 12. prete 13. fornaio/ panettiere 14. netturbino 15. preside 16. fisioterapista 17. orologiaio 18. otorinolaringoiatra 19. pittrice 20. imbianchino 21. macellaio 22. idraulico 23. ortopedico 24. logopedista 25. ottico 26. bidello 27. cardiologo

40. 1. piedi 2. cavallo 3. barca 4. traghetto 5. bicicletta 6. treno 7. sedia a rotelle 8. aliscafo 9. motocicletta 10. motorino 11. catamarano 12. nave 13. treno 14. vaporetto 15. gondole 16. barella 17. nave 18. lettighe 19. Automobili 20. taxi 21. Pullman 22. aereo 23. autobus/ corriera 24. tram 25. cavallo 26. pedalò 27. (auto)ambulanza 28. autocisterne 29. portabagagli 30. autogrù 31. asino 32. ascensore 33. carro attrezzi 34. fuoristrada 35. furgone 36. camper

41. 1. mezzi 2. attrezzi 3. elettrodomestici 4. droghe/ stupefacenti 5. clero 6. strumenti 7. governo 8. scolaresca 9. clientela 10. mobili 11. mestieri 12. lingue 13. abiti 14. stoviglie15. bestiame 16. posate 17. cancelleria

42.1. in 2. sul 3. in 4. per 5. 0 6. della 7. da 8. al 9. al 10. ai 11. dello 12. da 13. su 14. per 15. sul 16. agli 17. da 18. di 19. di 20. 0 21. da 22. da 23. in 24. 0 25. per il 26. 0 27. in 28. per la 29. in 31. da 32. a 33. in 34. di 35. per la 36. della 37. dell' 38. sul

43. 1. mani 2. testa 3. braccio 4. lingua, dente 5. gamba 6. occhi 7. ventre, testa 8. gambe 9. testa, gambe 10. occhio 11. bocca 12. man 13. occhio 14. gomito 15. occhi   16. occhi, cuore 17. testa 18. piedi 19. testa 20. gamba 21. fronte 22. gomito 23. capelli 24. testa 25. dito 26. bocca 27. occhio, occhio, dente, dente 28. orecchio 29. dito 30. mani 31. cuore 32. stomaco 33. pollice 34. testa 35. unghie 36. spalle 37. orecchio 38. collo 39. mento 40. guance 41. alluce 42. faccia 43. tendine 44. fegato 45. schiena 46. torso 47. seno 48. pancia 49. calcagna 50. ginocchio 51. fianchi 52. gola

44. 1. romanzi 2. dizionario etimologico 3. enciclopedia 4. grammatica 5. Bibbia 6. elenco 7. codice, codice 8. atlante 9. antologia 10. Corano 11. ricettario 12. manuale 13. copertina 14. fumetto 15. titolo 16. edizione

45. 1. bianco 2. giallo 3. bigi 4. bianco 5. verde 6. Rosso 7. nero 8. nera 9. rosso 10. rosa 11. bianco 12. azzurro 13. verde 14. gialle

46. 1. rischiosa 2. affascinante 3. ammobiliata 4. sadico 5. progressista 6. conservatrici 7. solidale 8. catastrofica 9. redditizio 10. bizzarro 11. ambulatoriale 12. stereotipata 13. tropicali 14. senza scrupoli/ priva di scrupoli/ spregiudicata 15. romana 16. razzista/ razzistico 17. alla moda 18. fotogenica 19. parziale 20. nevralgico 21. massiccio 22. estroverso 23. confortevole 24. colta/ di cultura 25. distinto 26. di medicina 27. leale 28. lussuosa/ di lusso 29. fisica 30. rustica/ in stile rustico 31. teorico 32. stressante 33. controproducente 34. rivali 35. faticoso 36. attraente 37. draconiane 38. elegiaco. 39. finanziari 40. intensi 41. fittizio 42. coerente

47. 1. papa 2. prete 3. chiesa 4. campane 5. Francesco 6. santo 7. cardinali, papa 8. sacramenti 9. santo 10. Duomo, Basilica, chiesa, Ultima Cena 11. patrono 12. tabernacolo, altare, ostie 13. sagrestano 14. abate 15. croce 16. Inferno, Purgatorio, Paradiso 17. rosario

48. 1. pulcino 2. lupi/ lupo 3. asino 4. Can 5. capra, capra 6. struzzo 7. polli 8. piccioni 9. vitello 10. lupo 11. gatti 12. gallo 13. pesci 14. caval 15. gatta 16.gallina 17. rondine 18. asino 19. gallina 20. gatto, topi 21. can 22. elefante 23. lumaca 24. volpe 25. coccodrillo 26. zebre 27. lupo 28. asino 29. oca 30. cani 31. elefante 32. cane 33. porci 34. buoi 35. ghiro 36. aquila 37. cavallo 38. Gatta 39. gatto 40. mucca

49. 1. pronto 2. romanze 3. coinvolti 4. maggiori 5. soddisfatto 6. traslato 7. permesso, rimanere 8. abituato

50. 1. tardi 2. male 3. dentro 4. malvolentieri 5. meno 6.raramente/ di rado 7. Non ... mai 8. in ritardo 9. scarsamente 10. non sono ancora

51. 1. rosa 2. ortiche 3. giuggiole 4. bet(t)onica 5. crisantemi 6. rose 7. tulipano 8.rose 9. gelso

52. 1. levò 2. si è precipitata/ si è buttata/ gettata giù 3. scendere 4. balzò 5. frequentato 6. nutriti 7. salito 8. sciupare/ sperperare/ scialacquare 9. spostato/ rinviato 10. distoglierlo

53. 1. all'inizio 2. all'improvviso/ d'improvviso 3. senza dubbio 4. in prevalenza 5. in sostanza 6. in continuazione/ di continuo 7. per telefono 8. (in) specie 9. di sicuro 10. di persona 11. con regolarità 12. da tiranno 13. di rado 14. in media 15. a/ alla perfezione 16. in effetti 17. di recente

54. 1. viene 2. meno 3. risata 4. pancia 5. crepapelle 6. fragorosamente 7. polli 8. bene, ultimo 9. baffi 10. a 11. di 12. giro 13. irrisorio 14. burlone 15. voglia 16. arrise/ sorrise 17. ridicola 18. sorriso 19. deridono 20. sorrideva 21. sorridente 22. voglia

55. 1. sbadiglia 2. vomitato 3. tossisce 4. piangere 5. tremando 6. russa 7. ridere 8. singhiozzo 9. starnutire 10. brividi 11. d'oca 12. flatulenza 13. tremano 14. ruttino 15. pipì 16. arrossì 17. corpo 18. vertigini 19. bruciore di stomaco 20. tic 21. pianse 22. suda

56. 1. appendere 2. dipendo 3. sospesa 4. pendente 5. indipendenza 6. Tossicodipendente 7. pendio 8. Dipende 9. pensile 10. propensione 11. pende

57. 1. panni 2. tasca 3. calzoni/ pantaloni 4. maniche 5. cintura 6. camicia 7. guanti 8. fondelli 9. camicetta 10. cravatta 11. tonaca

58. 1. fumatori 2. accanito 3. turco 4. filtro 5. pipa 6. furia, rovinato/a 7. smesso 8. pacchetti, sigarette 9. tabacco 10. tabaccaio 11. fumo, cancro 12. tabacco 13.fumo 14. fumo, occasionale 15. fumo, assuefazione, malattie 16. nicotina, tabacco 17. pericolo, fumano, gravidanza, parto

59. 1. solare 2. padana 3. consumistica 4. Pontificio 5. atmosferico e idrico 6. suina 7. quindicenne 8. in campo artistico 9. natalizi 10. settecentesca 11. pasquali 12. settentrionale 13. terrestre 14. gastrici 15. portuali

60. 1. diminuita/ calata 2. si avvicinava all' 3. dimenticato 4. Spegni 5. abbassare 6. chiesto/ domandato 7. odiavo 8. rimproveravano/ biasimavano 9. Esco di 10. ingrassato 11. disdetto 12. piangere 13. assolto 14. disprezzarono 15. si è sempre tenuto lontano dalla 16. peggiorate 17. Siediti 18. addormentato 19. salì sul 20. impallidì 21. cominciato/ iniziato/ ti sei messo a 22. assunto 23. minimizzare 24. ceduto 25. falliti 26. vinto 27. alzò/ levò 28. scendere 29. uscito dall' 30. Allenta 31. atterrare 32. sopravvalutato 33. già sparecchiata 34. Alza 35. Togliti

61. 1. si drogano 2. droga, dipendenza, tossicomane/ tossicodipendente, spacciatore 3. droghe, pesanti 4. tunnel, droga 5. overdose 6. bucarsi, eroina 7. droga, vittime 8. eroina, assuefazione, dipendenza 9. tossicodipendenza 10. drogato/ tossicomane/ tossicodipendente, crisi di astinenza, spacciare

62. 1. comprende 2. sorpreso 3. comprensibile 4. intrapreso 5. comprensivo 6. imprese 7. imprenditoriale 8. comprensione 9. si è ripresa 10. sorpresa 11. sorpreso/a 12. sorprendenti 13. comprensivo 14. intraprendente 15. appreso 16. riprende 17. imprenditore 18. riprese 19. incompreso 20. comprensiva 21. apprendimento 22. apprensivo 23. prendere

63. 1. etto 2. sacco 3. pizzico 4. pezzo 5. fetta 6. quintale 7. spicchio 8. chilo 9. spicchio 10. ciuffo 11. noce 12. rametto 13. filo 14. manciata

64. 1. Risorgimento 2. illuminismo 3. umanesimo 4. Verismo 5. medioevo 6. antichità 7. romanticismo 8. Rinascimento 9. feudalesimo

65. 1. vittoria 2. convincere 3. convinzioni 4. vincitore 5. convincente 6. vinti 7. vincente 8. avvincere 9. convinti 10. convincersi 11. vinsero

66. 1. doge 2. re 3. papa 4. Duca 5. barone 6. imperatore 7. regina 8. Commendatore 9. dottore 10. presidente11. Conte 12. sindaco 13. Principe

67. 1. accede 2. concessiva 3. recessione 4. concede 5. accesso 6. precedenza 7. decedere 8. precede 9. procedure 10. successo 11. successore 12. successo 13. procede 14. successivo 15. processo 16. procedimento 17. succedette/ successe 18. predecessore 19. ceduto

68. 1. l'incontro 2. la denuncia 3. l'avvertimento 4. l'invio 5. la ricerca 6. il pianto 7. la riuscita 8. la predica 9. l'estorsione 10. insistenza 11. l'ascolto 12. l'inquietudine 13. la fusione 14. il riciclaggio 15. la punizione 16. il crollo 17. la rovina 18. la continuazione 19. il ricovero 20. l'assunzione 21. l'esplosione 22. la spremuta/ la spremitura 23. la spinta 24. il sapere/ la sapienza

69. 1. attenersi 2. appartengo 3. mantenere 4. trattenere 5. intrattenerci 6. mantenerti 7. contiene 8. manutenzione 9. tenuta 10. detiene 11. contenere 12. contenuto 13. sostiene 14. sostegno 15. ritenevamo 16. tenore 17. sostenitore 18. trattiene 19. tenore 20. tenere

70. 1. incamminarsi 2. assordare 3. annotare 4. decaffeinare 5. impaurire 6. aggravare 7. raffreddare 8. ringiovanire 9. additare 10. incoraggiare 11. abbellire 12. irrobustire 13. indebolire 14. arrabbiarsi 15. accorciare 16. rattristare 17. arrossire 18. invecchiare 19. rinforzare/ rafforzare 20. alleggerire 21. scoraggiare 22. allungare 23. rasserenare 24. ingrandire

71. 1. provenienti 2. rinvenuta 3. avvenire 4. svenuta 5. evento 6. avvenire 7. inconvenienti 8. prevenire 9. intervenire 10. intervento 11. svenimento 12. avvenuto 13. disavventura 14. conviene 15. divenuta/ diventata 16. avvenente 17. evento 18. Avvento 19. sventura 20. avventura 21. venuto

72. 1. nitrisce 2. gracida 3. abbaia 4. ruggisce 5. raglia 6. muggisce 7. bela 8 grugnisce 9. miagola 10. cinguetta 11. barrisce 12. bramisce 13. gracchia 14. ulula 15. sibila 16. gloglotta 17. stride

73. 1. superato 2. bocciato 3. ci riesco 4. riuscite 5. andati a monte 6. successo 7. ce la faccio 8. disastro 9. problemi 10. Stento 11. difficoltà 12. sconfitta 13. insuccesso 14. vittoria 15. vincono, difficoltà 16. pugno di mosche 17.fallimento 18. fiasco 19. stento

74. 1. stendere 2. si è estesa 3. stesura 4. tende 5. tesi 6. tensione 7. distesa 8. distendermi 9. stenditoio 10. tendenza 11. fraintesi 12. intende 13. intenzione 14. intento 15. Attenti 16. intento 17. malinteso 18. attendere 19. attendibili 20. Attento/a

75. 1. evolvere 2. esercitare 3. temere 4. corrompere 5. risiedere 6. possedere 7. convincere 8.aderire 9. estorcere 10. eseguire 11. intimidire 12. estradare 13. vincere 14. sconfiggere 15 stendere 16. interrompere 17. reprimere 18. confondere 19. vendicare 20. vietare 21. congiungere 22. edificare 23. condurre 24. (ac)contentare 25. estrarre 26. redigere redimere

76. 1. zanzara 2. pulcino 3. fame 4. verme 5. Giobbe 6. tomba 7. pesce 8. Pasqua 9. mosca bianca 10. peperone 11. cane 12. campana 13. sole 14. talpa 15. bet(t)onica 16. gallina 17. neve 18. lumaca 19. mulo 20. fulmine 21. morto 22. mondo 23. scarpa 24. pane 25. stecco

77.1. disonesto 2. infedele 3. scontento 4. inesistente 5. asociale 6. insoddisfatto 7. instabile 8. incapace 9. incomprensibile 10. illeggibile 11. disumano/ inumano 12. disordinato 13. illecito 14. inattivo 15. sfortunato 16. scollato 17. disattento

78. 1. denaro 2. soldi 3. resto 4. oro 5. verde 6. bellezza 7. lunario 8. fine mese 9. risparmiamo, soldi, finestra 10. denaro, felicità 11. monete 12.

spiccioli 13. resto 14. patrimonio 15. palate 16. denaro falso 17. contanti 18. scialacquare

79. 1. Spalte: accademia, termostato, galassia, polizza, abbazia, aneddoto, mogano, emicrania, orchidea, persuadere, Ercole, Mantova, Brindisi, Otranto, Caorle; 2. Spalte: metamorfosi, antonomasia, anice, parentesi, antidoto, colonia, metano, edile/ edile, ombelico, Davide, Friuli, Pavia, Pesaro, Lepanto, Modena; 3. Spalte; mollica, vagina, colera, quesito, copia, prototipo, lombrico, palpebra, olimpiadi, Isaia, Cesena, Nuoro, Udine, Fucino, Lutero

80.1. iò iò 2. gre gre 3. glu glu 4. bau bau 5. chicchirichì 6. miao

81. 1. già vecchi 2. sporca/ inquinata 3. precedente/ prima 4. la bassa 5. composto 6. affollata 7. insolita 8. accrescitivo 9. forte 10. superflui 11. industrializzata 12. viva 13. scritta 14. scuro 15. progressiste 16. proprio 17. rurali 18. inattivo/ spento 19. successivi 20. brutta 21. breve 22. antica 23. temporale 24. industriale 25. tardo 26. noiosa 27. vuoto 28. insipida 29. sereno 30 lieti

82. 1. tradurre 2. conduce 3. ridurre 4. intraducibile 5. seducente 6. si è introdotto 7. seduzione 8. hanno indotto 9. traduzione 10. adduce 11. sedotti 12. introdurre 13. introduttivo 14. introduzione 15. riduzione 16. conduzione 17. introduzione 18. condotta 19. ridotta 20. conduttore

83.1. ultramoderna 2. stravecchio 3. ipersensibile 4. arcicontenta 5. superleggera 6. ipercalorica 7. straricco 8. superleggero 9. iperprotettiva 10. arcinoto 11. ultrapiatto 12. ipercritica 13. superdotato 14. strapotente 15. stragrande 16. ipercorretta 17. stracotta

84. 1. il risparmio 2. la condanna 3. l'alloggio 4. la privazione 5. l'inserimento 6. l'abbandono 7. lo sfruttamento 8. la rapina 9. la fondazione 10. il trasferimento 11. il rifugio 12. la diffusione 13. la sofferenza 14. il mantenimento (la manutenzione – die Wartung) 15. il godimento 16. la durata 17. la constatazione 18. l'aspettativa (la sala d'aspetto – der Wartesaal/ das Wartezimmer) 19. l'insurrezione 20. l'acquisto 21. l'insulto 22. la padronanza 23. arricchimento 24. la trascuratezza 25. il contagio 26. l'interrogazione 27. il borseggio 28. lo scippo 29. l'imbroglio 30. la percossa

85. 1f 2i 3h 4g 5a 6j 7c 8b 9d 10e

86. 1. scorza/ buccia 2. guscio 3. buccia 4. crosta 5. corteccia 6. crosta 7. copertina 8. guscio 9. buccia

87. 1. sedere 2. sedervi 3. possiede 4. possessivo 5. si erano insediati 6. sede 7. possesso 8. presidente 9. presiede 10. sedie 11. sedili 12. seggio 13. sedia 14. seggiolone 15. seduta 16. seggi 17. preside 18. possessivo 19. sedie

88. 1. certezza 2. solidarietà 3. austerità 4. nobiltà 5. arretratezza 6. feudalesimo 7. esasperazione 8. ostilità 9. chiarezza 10. solitudine 11. inquietudine 12. sicurezza 13. maliziosità 14. fermezza 15. simultaneità 16. purezza 17. gravidanza 18. gratitudine 19. riconoscenza 20. disponibilità 21. esattezza 22. pulizia 23. sporcizia 24. sfrontatezza 25. cattolicesimo

89. 1. si sono separati 2. rapporti 3. divorziato 4. accordo 5. relazione 6. finita 7. hanno rotto 8. hanno litigato, si sono riconciliati 9. perdono 10. ha lasciato, infedele 11. dito 12. perdonato, scappatelle 13. amore, accordo 14. litigio 15. amore 16. desiderio, occhi 17. casa 18. relazione amorosa 19. amiamo 20. tradisce 21. soci, rivali 22. alti e bassi

90. 1. generico 2. scottante 3. spinoso 4. arrivato 5. concisa 6. coerente 7. qualificato 8. scrupolosa 9. ospedaliero 10. volgare/ triviale 11. seria

91. 1. fiumicello/ fiumiciattolo 2. casupola 3. paesino/ paesetto/ paesello 4. giardinetto 5. cagnolino 6. profumino 7. tempaccio 8. ometto 9. pesciolino 10. camioncino 11. striscioline 12. dadini 13. cubetti 14. medicastro 15. cuoricino 16. poetastro/ poetaccio/ poetucolo 17. animaletto 18. posticino

92. 1. l'intasamento 2. la prenotazione 3. il pernottamento 4. l'accesso 5. il contributo 6. il divorzio 7. la mancanza 8. il risarcimento 9. l'incarico 10. il rimedio 11. il tentativo/ la tentazione 12. il giudizio 13. la pronuncia 14. l'appartenenza 15. la repressione 16. l'uccisione 17. la gestione 18. l'intraprendenza 19. il timore 20. l'impegno 21. lo spavento 22. lo scioglimento 23. il disprezzo 24. la coincidenza 25. l'eredità 26. assassinio

93. 1. sedano 2. carota 3. finocchio 4. melanzana 5. ravanello 6. patata 7. carciofo 8. cipolla 9. porro 10. rapa 11. zucchino 12. spinaci 13. piselli 14.

cavolfiore 15. barbabietola 16. basilico 17. ceci 18. prezzemolo 19. salvia 20. fagiolini 21. maggiorana 22. origano 23. rosmarino 24. timo 25. alloro 26. aglio 27. olive 28. erba cipollina 29. pomodoro 30. zucca 31. fave 32. cetriolo 33. insalata 34. peperone 35. cocomero 36. rucola 37. rafano 38. indivia

94. 1. gruppo 2. squadra 3. banda 4. mucchio 5. sciame 6. gregge 7. branco 8. schiera 9. stormo 10. mandria 11. stuolo

95. 1. telefono 2. squillò 3. telefono 4. messo giù/ riattaccato/ riagganciato/ riappeso 5. richiamare 6. telefonata 7. rintracciar, telefono 8. cellulare/ telefonino 9. chiamare, occupato 10. guasto 11. segreteria 12. a 13. sbagliato 14. caduta 15. staccata 16 cellulare 17. linea 18. fax 19. intercettate 20. forte 21. segnale 22. prefisso 23. squillare, risposto 24. passo 25. chiamare, campo 26. scheda/ carta 27. reperibile 28. riattaccare/ mettere giù/ riagganciare/ riappendere 29. elenco telefonico 30. usare, telefono 31. chiamare, ricarica

96. 1. scartato 2. disattivato 3. tramontato 4. a disagio 5. avaro/ taccagno/ spilorcio 6. trasse/ tolse di/ dalla 7. una bugia/ mentito 8. a lungo 9. tolse 10. scosse la testa 11. abbassò 12. uscire 13. spense 14. interrotto/ finito 15. rifiutò 16. con interesse 17. arcaismo 18. alto e snello 19. nella direzione opposta 20. cala/ diminuisce 21. opaco 22. apposta/ intenzionalmente/ di proposito 23. larga 24. biasimato 25. in fondo 26. coda 27. negligente

97. 1. Malgrado/ Nonostante 2. Per/ A causa del 3. in 4. tramite 5. con 6. Tranne 7. sul 8. di 9. di 10. tra 11. Malgrado/ Nonostante 12. dagli 13. a 14. fa 15. su 16. alle 17. sul 18. In 19. davanti a 20. nelle 21. su 22. delle 23. nel

98. 1. È diventata un'abitudine. 2. Sono rimasta incinta a/ all'età di 18 anni. 3. Che cosa vuoi fare da grande? 4. Comincio ad avere fame. 5. Non se ne farà niente. 6. Sto diventando vecchio/a /invecchiando. 7. Sei diventato/a pazzo/a/ impazzito/a? 8. Ieri ho compiuto vent'anni. 9. Si è ammalato. 10. Che fine ha fatto Cinzia? 11. Mio padre ha perso il lavoro/ posto di lavoro un mese fa. 12. Perché si è arrabbiata? 13. Spero che ti rimetterai presto. 14. Mio fratello è diventato padre per la seconda volta. 15. La foto non è venuta (bene). 16. Sta arrivando l'estate. 17. Questo ragazzo andrà lontano. 18. Si è fatto tardi. 19. Questa festa non si farà. 20. Come sei cresciuto/a/ ti sei fatto/a grande! 21. Mi sono sentito/a male

99. 1. zanzare 2. vespe 3. pidocchi 4. pulce 5. cavallette 6. formica 7. cimice 8. grilli 9. mosca 10. maggiolini 11. tarme 12. lucciole 13. libellule 14. scarafaggi 15. lucciola 16. mosca 17. coccinelle

100. 1. Avete fatto buon viaggio? 2. Quando compi gli anni?/ Quando è il tuo compleanno? 3. Stanotte ho fatto un sogno molto strano. 4. Oggi è il 18 (di) giugno. 5. Vorrei due chili di pomodori 6. Ho mal di gola. 7. Oggi il tempo è brutto./ Oggi fa brutto (tempo). 8. Ti voglio bene. 9. Siamo in panne. 10. Sono in vacanza. 11. Questo non l'abbiamo ancora studiato. 12. Questa traduzione è un osso duro. 13. Cosa ci guadagno? 14. Beato/a te! 15. E buonanotte al secchio! 16. Questo libro è in vendita in tutte le librerie. 17. Quanti ne abbiamo oggi? 18. Ora ci sono!

101. 1. Pantalone 2. Paganini 3. Perpetua 4. Bertoldo 5. Antonio 6. Giobbe 7. adone 8. Biagio 9. cuccagna 10.minerva 11. San Francesco 12. Erode a Pilato 13. cicerone 14. Achille 15. San Martino 16. Venere 17. Cesarini 18. minerva

102. 1. soffiare 2. bocca piena 3. soffiar 4. dita 5. aspirare, risucchio 7. guardare 8. raccogliere

103. 1. vista 2. visto 3. provvederemo 4. prevedere 5. imprevedibile 6. visione 7. svista 8. televisore 9. Avvedersi 10. vedo 11. provvedimenti 12. ArrivederLa 13. visuale 14. rivista 15. televisivo 16. revisione 19. prevedere 20. provvidenza 21. previsioni 22. provvisti 23. Visto 24. provvisorio 25. vedenti 26. avveduto 27. riveder 28. 29. provviste 29. provvidenziale 30. prevedibile 31. previsto 32. vistoso 33. visuale

104. 1. perde/ gocciola 2. scarica 3. allagato 4. cortocircuito 5. guasta 6. intasato 7. battuto 8. smarrito 9. partito/ saltato 10. sbrodolata 11. scivolato/a 12. inciampata 13. tagliata 14. caduta 15. traboccato 16. caduto 17. rovesciato

105. 1. albergo 2. sinagoga 3. cinema 4. museo 5. stadio 6. supermercato 7. scuola 8. teatro 9. negozio 10. osteria 11. ristorante 12. biblioteca 13. asilo 14. edicola 15. casa 16. tempio 17. palestra 18. palazzo 19. arena 20. garage 21. fabbrica 22. bar 23. discoteca 24. municipio 25. commissariato 26. officina 27. cappella 28. anfiteatro 29. castello 30. condominio 31. prigione 32. opera

106. 1. la pulizia 2. il riposo 3. la qualifica 4. lo sfruttamento 5. la convivenza 6. l'approvazione 7. la conversione 8. la richiesta 9. la partecipazione 10. la conferma 11. il giudizio 12. lo scambio 13. la gestione 14. l'obbligo 15. l'esclusione 16. l'emarginazione

107. 1. frullatore 2. lavatrice 3. lavastoviglie 4. asciugabiancheria 5. tritacarne 6. asciugacapelli 7. aspirapolvere 8. lucidatrice 9. frigorifero 10. microonde 11. cucina

108. 1. lo sbarco 2. la tutela 3. il risparmio 4. lo spreco 5. il rincrescimento 6. il taglio 7. l'acquisto 8. lo splendore 9. la rivelazione 10. lo spaccio 11. la riuscita 12. la carezza 13. la scissione 14. la crescita 15. il sacrificio 16. l'aggiunta 17. lo sbadiglio 18. il ringraziamento 19. la foce 20. l'atterraggio 21. lo stento 22. l'allevamento 23. la ripresa 24. lo sperpero 25. l'adozione 26. lo spostamento 27. il disturbo 28. il percorso 29. la maledizione 30. lo scioglimento 31. la replica 32. la perdita 33. il pentimento

109. 1. vasi 2. raddrizzare 3. testa 4. mortaio 5. frittata 6. riccio 7. ma

Zeitfracht Medien GmbH
Ferdinand-Jühlke-Straße 7
99095 Erfurt, Deutschland
produktsicherheit@kolibri360.de